管理丛书

班级活动
游戏宝典

BANJI HUODONG
GUANLI CONGSHU

本书编写组◎编

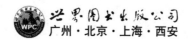

世界图书出版公司
广州·北京·上海·西安

图书在版编目（CIP）数据

班级活动游戏宝典/《班级活动游戏宝典》编写组
编．—广州：世界图书出版广东有限公司，2010.11（2024.2 重印）
ISBN 978 - 7 - 5100 - 2991 - 2

Ⅰ．．①班… Ⅱ．①班… Ⅲ．①活动课程 - 课程设计 -
中小学 Ⅳ．①G632.3

中国版本图书馆 CIP 数据核字（2010）第 217510 号

书　　名	班级活动游戏宝典	
	BAN JI HUO DONG YOU XI BAO DIAN	
编　　者	《班级活动游戏宝典》编写组	
责任编辑	李欣鞠	
装帧设计	三棵树设计工作组	
出版发行	世界图书出版有限公司　世界图书出版广东有限公司	
地　　址	广州市海珠区新港西路大江冲 25 号	
邮　　编	510300	
电　　话	020-84452179	
网　　址	http://www.gdst.com.cn	
邮　　箱	wpc_gdst@163.com	
经　　销	新华书店	
印　　刷	唐山富达印务有限公司	
开　　本	787mm×1092mm　1/16	
印　　张	12	
字　　数	160 千字	
版　　次	2010 年 11 月第 1 版　2024 年 2 月第 4 次印刷	
国际书号	ISBN　978-7-5100-2991-2	
定　　价	59.80 元	

"班级活动管理"丛书编委会

主 编

王利群　解放军装甲兵工程学院心理学教授
周作宇　北京师范大学教授、教育学部部长

编 委

马世晔　中华人民共和国教育部考试中心
李功毅　《中国教育报》副总编
王增昌　《中国教育报》高级编辑
殷小川　首都体育学院心理教研室教授
张彦杰　北京市教育考试院
魏　红　北京师范大学教务处
刘永明　北京师范大学继续教育与教师培训学院 副研究员
刘艳茹　北京市顺义区教育研究考试中心，中学高级教师
刘维良　北京教育学院教育学教授
杨树山　中国教师研修网执行总编
肖海雁　山西大同大学心理系主任，教授
张兴成　西南大学（原西南师范大学）副教授
南秀全　湖北黄冈特级教师
于　始　北京光辉书苑教育中心研究员

序　言

　　班级是学校为实现一定的教育的目的，将年龄相同、文化程度大体相同的学生按一定的人数规模建立起来的教育组织。班级不仅是学生接受知识教育的资源、也是学生社会化的资源、学生进行自我教育的资源。整个学校教育功能的发挥主要是在班级活动中实现的，一个班级的集体意识主要是在班级活动中形成的，每位学生自身的潜能同时也可以借助各种各样的班级活动得到挖掘与施展。

　　班级管理是一种有目的、有计划、有步骤的社会活动，这一活动的根本目的是实现当代教育目标，使学生个体得到充分、全面的发展。它需要广大教师朋友们根据一定的目的要求，采用一定的手段措施，带领全班学生，对班级中的各种资源进行计划、组织、协调、控制。班级活动状况直接关系到学生的学习效果，间接影响到学生的生活情趣，同时它对评估教师的教学质量也有一定的影响。

　　班级管理是一个相互协作、彼此互动的过程，也是一个动态发展、不断创新的过程。因此，只有参与班级活动的各个成员积极拿出激情，教师的管理、班干部的协助与班级各成员主动配合，管理者与被管理者大胆尝试、开拓创新，班级活动才能顺利地开展，班级管理才能有效地实施。因此，如何搞好班级管理，开展什么样的班级活动，应该是值得每一位学校、每一位老师，尤其是班主任老师们仔细考虑的。

　　本套丛书以促进学生各项潜能全面、协调发展，促进教师的教学事业的开展为基本出发点，采用基本理论与具体案例相结合的编写形式，分板块、有层次地对班级活动管理进行了归纳与探讨。我们参考了广大教育工作者在班级活动管理中的经验，引述了与此相关的成体系的、并得到教育界普遍认可的理论，借鉴了各地区、各学校成功开展班级活动的优秀案例，理论与实践相结合，抽象与具体相结合，以期为教师朋友们提供一套班级活动行动指南，并在此基础上帮助教师朋友们做好教学工作、搞好班级管理。

其中，《班级活动与班级体教育》阐明了班级管理的专业地位，对班级的教育问题进行了探究；《班级活动的设计与实施》从宏观上介绍了种类繁多、形式各异的班级活动；《如何创造性地开展班级活动》探讨了在新的时代形势、新的教育背景下开展班级活动的创新之途；《优秀班集体的建设与维护》从微观上提出了积极建设优秀班集体，努力维护和谐班集体的观点与建议；《班级活动游戏宝典》专门性地对多种班级游戏做了归纳与分类，针对性地提出了关于班级游戏的参考意见；《主题班会活动设计》五卷则对班会这一最普通、最常见的班级活动进行了细致的划分与专题性探讨，在形式上统一采用"班会目的＋班会准备＋班会过程"的基本编写模式，异中趋同，同中有异。

这套丛书将有助于教师朋友们拓展视野、打开思路，但班级活动管理是否能落到实处，实施中能否得到理想的效果，还是要通过实践的尝试与检验的。诚然，在具体的实施过程中，不可避免还会出现意料之外的种种困难，这就需要我们的教师朋友们具体问题具体分析，在参照我们的理论建议与案例参考的同时，立足自己的实际情况，因时而异做出适当调整。

总而言之，班级活动管理是一项长期的、有意义的任务，在大力提倡素质教育的今天，它又是时代对新课程教育提出的新要求、新考验。虽然在实施的过程中会遇到接踵而至的困难，但我们相信，只要学校加强重视，教师不辍尝试，孩子们终会得到一次又一次有意义的班级活动的，这些未来的建设者们也会在这一次又一次的参与中锻炼能力、收获新知的。

前进路上，我们与你携手并进！

前　　言

英国教育学家斯宾塞认为："高等动物在谋生之余尚有剩余精力；因而，在不需要从事谋生活动的休闲时间里，它们的闲置不用的器官就会自发地倾向于运动；这种剩余精力推动下的看起来无用的活动就是游戏。"这就是经典的"游戏说"。

游戏与人的生活息息相关，同样，它与教师的日常教学也是密切相关的。

如今，单调的教学方式已经无法满足当前教育的需求，教师需要具备多方面视角，才能在教学工作中做到游刃有余，收放自如；学生也需要多方面发展，这就对教师提出了更高的要求：单纯教授知识已经不够，还要培养学生的生活技能、提高学生的智商情商、完善学生的品质人格，只有这样，才能培养出一个优秀的学生。而要解决这些难题，单靠枯燥的说教显然达不到目的。游戏无疑是被普通人，尤其是学生朋友易于接受的一种方式，比起教师们长篇大论的讲述，在学生中开展一些他们喜闻乐见的游戏活动无疑会让同学们觉得更加自然、亲切，也更易于接受。

前苏联教育家克鲁普斯卡娅说："对孩子来说，游戏是学习，学习也是游戏，游戏是劳动，游戏是重要的教育方式。"前苏联文学家高尔基也曾说过："游戏是孩子认识世界和改造世界的途径。"许多心理学实验也表明：游戏中包含了多种认知成分的复杂活动，是青少年最佳的学习方式。

的确，爱玩是学生的天性，教师们如能结合课堂教学选择合适的游戏方法，主动使游戏成为一种教育方式，寓教于乐，就既达到了娱乐的目的，更达到了教学的目标。

此外，在游戏活动中，教师和学生们在一起，真正近距离地接触自己的学生，发掘他们与平时学习不同的一面。同时，这个过程也是教师自身成长的过程，是积累经验与案例的好机会，教师可以在组织多次活动和游戏后，形成自己的教学习惯。

　　我们组织相关专业人士精心编写的这本《班级活动游戏宝典》满足了广大教师这些需求。书中选取了众多的活动和游戏，按照游戏的功能，将全书分为班级发展篇、素质培养篇、学习训练篇、趣味放松篇四个篇章，以期全面提升学生的能力和品质，让他们体验快乐的真谛，顺利度过学生生涯。同时，也衷心希望本书成为广大教师的良师益友，能为教学工作提供有益的借鉴和帮助。

目 录

一、班级发展篇

　　班级是学校的小单元，实现每个班级的良性发展才能促进学校整体的发展。一个班级，从初建，磨合，再到成熟，是一个有规律可循的过程。教师可运用游戏，让同学们感受班级的温暖，收获友情。

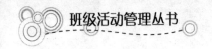
班级初建

编号1

电网游戏

目的

让同学们体会计划的重要性，以及执行计划时的团队合作精神。

准备工作

1. 若干条长绳，1 根粗竹子。

2. 选择一块空地，上面有相隔一段距离的两棵树或两个杆子。

具体内容

1. 将所有同学分成每组 13 人左右的小组。

2. 老师先挂起 1 条绳子代表监狱的"电网"。

3. 同学们将要进行"胜利逃亡"，也就是说全体小组成员都要从电网的一边越过电网的另一边，最后一名队员要把竹子也带走。

4. 老师给所有小组计时。

5. 速度最快的小组获得第一名，发放奖品。

6. 同学们坐下来一起讨论以下 3 个问题：

①在你们接到任务之后，所做的第一件事是什么？

②整个游戏中最困难的部分又是什么？

③整个小组团队合作精神发挥得最好的一面在哪里？

注意事项

1. 当游戏进行不顺利时，老师需要进行积极的鼓励。

2. 此游戏适合高年级的学生。

3. 游戏诀窍：小组可以选出一名领导者进行指挥与沟通。

教育意义

让一名同学通过电网非常容易，难点在于让小组的所有同学都通过电网，而且还有时间的限制，这无疑是摆在所有同学面前的难题。统筹协调是这个游戏必要的环节，但是游戏成功最重要的一点是大家要齐心合力，在短时间内暂时搁置刚认识的陌生感，成为一个有战斗力和凝聚力的小组。

编号2

大西瓜

目的

全班同学互相认识彼此，迅速记住身边同学的名字。

准备工作

1. 几段欢快的背景音乐。

2. 制定游戏的惩罚细则。

具体内容

1. 全班同学围坐在一起，老师向同学们介绍游戏规则。

2. 同学们一起按着一定的拍子，拍动自己的大腿，然后跟拍子说出"谁人拿了冰箱内的那个大西瓜"。

3. 第一名同学接着说出"某某拿了冰箱内的那个大西瓜"。

4. 被叫到名字的同学跟着说出"是吗"。

5. 其他同学跟着说"没错"。

6. 被指名的同学跟着说"不是我"。

7. 其他同学跟着说"那么是谁"。

8. 被指名的同学跟着说"某某拿了冰箱内的那个大西瓜"。

一 班级发展篇

9. 然后重复这过程，直至有人接不上则输。拍子越来越快，可以增加游戏的刺激性。

10. 输的同学先介绍一下自己，然后接受惩罚。

11. 由输的那个同学再重新开始游戏。

注意事项

1. 老师可以在游戏开始之前给大家 10 分钟的时间做热身，也就是让同学们有时间互相记住对方的名字，游戏可以选出谁 10 分钟记住的名字最多。

2. 背景音乐的节奏感要强，气氛要欢乐。

3. 老师要充当游戏引导者的角色，防止冷场。

4. 此游戏适合年龄较小的学生。

教育意义

通过游戏认识周围的同学是一个自然亲切的方式，不仅达到了同学们互相认识的目的，而且为刚形成的班级营造了一个温馨欢乐的气氛。记住对方的名字是成为朋友的第一步，班集体需要在这种温馨的小游戏中和谐发展。

编号 3

同心圆

目的

消除同学们之间陌生的感觉，加快班集体的融合。

准备工作

找到适合全班同学站立的场地。

具体内容

1. 老师认真解释游戏目的，培养气氛。

2. 全班同学围圈站立，肩膀贴肩膀，脸向圈内。各人前后脚站稳，双手向前，准备向前推的动作。

3. 选一名同学站在圈中，闭上眼，双手交叉胸前。大家大声问："准备好没有？"圈中的同学回答："准备好啦！"

4. 喊完口号，中间的同学把身体挺直向后跌，其他人托着他，轻轻向左或右传递，老师在圈外轻声对"支持者"讲："做得好！"然后安慰中间的同学，"不要怕，他们在支持你！"

5. 约1分钟转完，圈中的同学站定，张开眼向每位支持者道谢。望3秒，点头，微笑。

6. 换另一位同学站在中间，直至每个人都体会过被支持的感觉。

7. 大家坐下分享感受。

注意事项

1. 所围成的圈子不宜过大。

2. 老师要对同学们及时进行积极的鼓励。

教育意义

同学们可以通过此游戏建立信任感，在中间同学闭上眼睛时，信任与被信任的双方都选择了肩负责任，然后再互换角色。最后的分享感受环节也至关重要，同学们可以各抒己见。

编号4

认识你真好

目的

同学之间建立友好的关系。

准备工作

抽签所用的纸条、黑板、粉笔。

一 班级发展篇

具体内容

1. 同学们将名字写在小纸条上，然后抽签，每两位同学组成一个小组。

2. 两人自由组合配对，用 5 分钟的时间了解对方，不拘形式。

3. 约 5 分钟后，各组说出交谈的主题，组长记录在黑板上。

4. 接着老师可约略说一番话："人的一生中都有几位互相信任的知己朋友，若现在这位同伴成为你的知己，你想了解他什么呢？要维持知己关系，你觉得什么最重要？"再用 5 分钟讨论这一问题。

5. 同学们再进行深度的分享，内容会更丰富。老师把这次讨论内容记录在前次记录的旁边。

6. 一起讨论前后两次的记录，分享感受。

注意事项

若是遇到奇数人数的班级，余下的那一名同学可以和老师组成一组讨论。

教育意义

沟通是拉近彼此心灵最好的一种方式。从第一次普通的互相了解到第二次"成为朋友"后的互相了解，同学可以明白友情给自己带来的快乐，并且开始与陌生的同学成为朋友。

编号 5

捏手指

目的

活跃班级的气氛，打破陌生同学间的隔膜。

准备工作

1. 没有桌子的活动室或室外。

2. 有目的地选取一份带有一个词或字的材料，如"竹"、"猴子"等。

具体内容

1. 全体成员站或围坐成一个大圆圈。

2. 每个人都自然打开双手，手心向上，与肩同宽。

3. 请每个人把自己右手的食指立在右边人的左手心。

4. 全体安静的状态下，听指导老师说一段话，比如当听到"猴子"一词的时候，每个人都要迅速握紧自己的左手，同时让自己的右食指从别人的左手心逃开。

5. 指导者开始讲故事或说一段话，参加者按要求做动作。

6. 指导者统计活动参与者捉到别人手指的次数、人数和一次都没有被别人捉住的人数。

7. 全班同学进行以下讨论：

①你共捉到几次别人的手指，有什么感受？

②你共几次被别人捉到手指，有什么感受？

③一次都没有被别人捉住手指的人有什么感受？

注意事项

1. 老师要引导班里的每一名同学都参与此活动。

2. 给每一位同学发言的机会，发言前可先简单介绍自己。

教育意义

这个游戏是紧张而有趣的。同学们就是在这种游戏下打破了彼此之间的隔膜。老师要多创造机会让同学们交流，同学们也会将渐渐熟悉起来，变被动交流为主动交流。

编号6

最佳搭档

目的

彼此相识，建立互动关系。

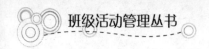
准备工作

1. 准备一些彩色纸。

2. 将这些彩色纸裁成三角形或正方形，并一分为二。

3. 胶水、硬纸板和一些桌子。

具体内容

1. 老师让所有同学从裁好的彩色纸中自由抽取一张。

2. 老师让同学们在班中找到与自己同色以及形状相匹配的另一半。

3. 找到后，将彩色纸贴在硬纸板上或在桌面上拼图，并在彩色纸上写上两个人的名字，两个人自由交流 5 分钟，互相认识。

4. 游戏可以增加一些变通：可在"最佳搭档"活动的基础上接着进行4 人小组和 8 人小组的"滚雪球"活动。

注意事项

1. 老师在活动之前，要多鼓励学生，打消尴尬氛围。

2. 老师可以提示同学们交流的内容。

教育意义

人总是相信一些缘分，而一个班的同学能同在一个班也是一种缘分。通过这个游戏，同学去寻找和自己图片匹配的朋友，这也是一种缘分。所以，同学们更应该珍惜，用自己的努力，打开彼此的心，将缘分真正变成一种日久天长的珍贵情谊。

编号 7

滚雪球

目的

打破陌生班集体内部的隔膜，活跃班级气氛，促进全班同学的认识和了解。

准备工作

1. 每位同学 1 把椅子。

2. 游戏所需的小奖品。

具体内容

1. 用抽签的方式将全班同学分成若干个小组，每个小组 8～10 人，按组围坐成圆圈。

2. 老师先任意以一位同学为例说明规则：先请第一位同学向组内的同学介绍自己的姓名和兴趣爱好，顺时针让第二名成员说我是×××（重复第一位成员自我介绍的信息），再传给右面的×××，依次下去……最后一名作介绍的成员要将本组前面所有成员的信息复述一遍。

3. 按照规则，各组成员相互认识以后，老师请各小组派内部一名成员向全体成员介绍本小组刚刚相识的所有成员的信息。

4. 表现最好的一个小组获得小奖品。

注意事项

1. 在内向的同学的表达遇到阻碍时，老师和同学们应该积极鼓励。

2. 每位同学力争讲出自己不同于别人的特点，最好能把名字巧妙地解释一下，以便其他同学更好地记住自己。

教育意义

在所有还很陌生的新同学面前介绍自己是一件需要勇气的事情，但是必须有一个这么正式的过程。所以，为了消除同学们的紧张情绪，可以采取游戏的方式，让同学们尽量轻松地介绍自己，让他人了解自己，自己也了解他人。

一 班级发展篇

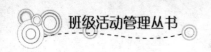

编号 8

当头一棒

目的

让还感觉陌生的同学们尽快相识，了解彼此的基本信息，增进团体凝聚力。

准备工作

1. 足够大的活动空间，室内外均可。

2. 用报纸或旧挂历卷成 1 根或数根纸棒。

3. 数段轻松愉快的背景音乐。

具体内容

1. 全班分成为若干个小组，每组 10 人左右。

2. 小组各自围成圈而坐。

3. 让小组内的同学轮流介绍自己的名字、兴趣等个人资料，每个人都专心去记其他成员的资料。

4. 待同学们自我介绍完毕后，根据人数和场地情况让全体成员站成一圈或几个小圈。选一个执棒者站在圈中间，由他（她）面对的人开始大声叫出一个成员的姓名，执棒者马上跑到被叫的人面前，被叫的人马上再叫出另一位成员的姓名，如果叫不出来就会受到当头一棒，然后由他执棒。

5. 依此类推，直到大家互相熟悉成员的姓名为止。

6. 如果一个人被棒打 3 次，就必须以出来表演作为惩罚。

注意事项

1. 拿棒子打同学时，要点到为止，不可以弄疼其他同学。

2. 尽量叫到每一名同学，老师亦可参加游戏。

教育意义

通过此游戏记住其他同学的名字是一个快乐简单的过程。当有的同学

叫不出其他同学的名字时，就代表他认识的新朋友还不多，这时就会遭到"当头一棒"，这不是惩罚，是一种鼓励，鼓励这名同学要更好地记住其他人的名字，要认识班上更多的新同学。

编号 9

歌声找朋友

目的

在短时间内，可以让学生了解自己的新同学，融入到新的班集体中。

准备工作

1. 宽敞的室内或室外空地。

2. 请同学们各自准备一些自己喜爱的歌曲。

3. 老师介绍游戏规则。

具体内容

1. 请每个人在全场随意走动，边走边哼唱自己喜欢的一首歌曲。

2. 在团体中找到和自己唱同样歌曲的人，组成一组。

3. 小组成员之间互相介绍自己的姓名、兴趣、爱好等个人信息。

4. 老师让各小组分别齐唱共同喜欢的歌曲，并派一名代表向全体成员介绍本组刚认识的成员。

5. 全班一起唱一首歌，结束游戏。

注意事项

1. 同学们要尽量唱简单和传播广的歌曲，这样能找到更多的朋友。

2. 介绍自己时态度要真诚、可亲。

3. 老师同样可以参与到游戏中去。

教育意义

歌声有助于放松紧张的情绪，尤其是在面对陌生人时，用歌声来认识

一　班级发展篇

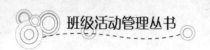

新朋友，彼此交流，是一个不错的开始。老师们不妨选择这个游戏，让同学们放松地交流。

编号10

超级大头贴

目的

通过游戏同学们开始相互熟悉，增进交流。

准备工作

1. 老师准备一些问答题目，并且把答案做成头饰。

2. 制定惩罚细则。

具体内容

1. 将全班同学分成两个大组。

2. 每组派出一名同学面对面坐在中央（中间可放一张椅子）。

3. 老师在宣布题目后，分别把两张答案放在出来的两人头上。这两人只能看到对方头上的答案，但不能看到自己头上的。

4. 当老师说开始时，2人可以开始问问题猜自己头上的答案，但必须先拍打放在中央的椅子或地板来做抢"问"。问的问题也只能是是非题。

5. 每队有30秒到1分钟的时间来问问题，有三次机会猜答案。

6. 每一轮派不同的人上来猜不同的题目，直到所有的题目被猜完。

7. 可看每组猜对的数目来算分数，输的队必须接受处罚。

注意事项

1. 队员可在旁边帮忙回答，但不能问问题或讲答案出来。

2. 答题的时间与机会可由题目的难度而定。

3. 每个题目必须要有两个答案。比如：团体中最爱唱卡拉OK的人？孔子学生的名字？

教育意义

这个游戏既锻炼了同学们的思维和反应能力，也考察了同伴之间的配合默契程度，可谓一举两得。

团结互助

编号1

信任背摔

目的

培养学生之间的信任感，增进班级的团结，让同学们学会换位思考。

准备工作

请专业的拓展训练师，在专业的拓展训练场地进行。

具体内容

1. 参加活动的同学摘掉眼镜、手表、头饰等随身物品，以防活动进行过程中划伤其他同学。

2. 一位同学登上背摔台，背面朝下，两手伸直并用绳捆住；从其他同学中选出8位，4人一排，膝盖顶住，两手交叉紧握，身体略下蹲，头部稍往后仰。

3. 背摔台上的同学身体尽量保持平直，并顺势倒下。

注意事项

背摔台上的同学：

一 班级发展篇

1. 不允许向后审越或直接跳下。

2. 不要向后团身坐下。

3. 倒下后要控制自己的双脚，以免砸伤同学。

保护的同学：

1. 第一组要距离背摔台两拳左右距离，不要紧贴背摔台。

2. 强调第二、三、四组必须是男生。

3. 当接住队友之后，不要鼓掌、上抛，第一、二组先放其脚，接背和腰部的保护队员先将其抱住，然后将其慢慢扶正。

4. 各组之间肩部相互挤紧，并排成一条直线。

（本活动需要专业的拓展教练带领。）

教育意义

此活动需要学生轮流体验被保护和保护两种角色，学习换位思考，在以后的学习与生活中，能够更加设身处地地为其他同学着想。另外，此活动极大地增进了同学之间的信任感，进而更好地融合班集体。每一位同学通过活动都了解到信任与友情的可贵，了解到集体的力量，深刻体会到个人在集体中的归属感。

编号2

真心话大冒险

目的

增进同学之间的感情，同学们之间通过游戏更加了解彼此。

准备工作

1. 1个大鼓以及1个球。

2. 几段欢快的背景音乐。

3. 抽签所用的纸条与纸箱。

具体内容

1. 同学们先将自己想要问其他同学的问题写在纸条上。

2. 由老师搜集同学们的问题，放到纸条箱中。

3. 老师从纸条箱中抽出一个问题，然后向同学们公布。

4. 播放背景音乐，用击鼓传球的方法选出答问题的同学。

5. 这位同学答完后，在纸条箱中再抽取出一个问题，再向大家发问，用同样的方式选出答问题的同学。

6. 击鼓传球的节奏可以逐渐加快，增加游戏的紧张感。

注意事项

1. 提出的问题尽量不要涉及个人隐私。

2. 老师要掌握好击鼓传球的节奏。

教育意义

作为一个班的同学，可能也很想更了解彼此，希望情谊更加深厚，但是碍于各种原因，会失去许多机会。老师若想班级发展得更好，必须积极创造这种了解彼此的机会。这种真心话大冒险的游戏就很好，同学们的问题千奇百怪，自己也不确定会去回答哪个问题，充满了惊险与神秘，营造了欢乐的班级气氛。

编号 3

郊游野炊

目的

通过野炊活动拉近同学们之间的感情，使班集体更加团结。

准备工作

1. 选择适合野炊的景区，以安全为主。

2. 制定野炊的整体计划，全班同学参与。

3. 派代表选购野炊的工具与食品，其中工具可以发动学生从家中带。

4. 向学生家长告知野炊一事。

一 班级发展篇

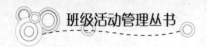

具体内容

1. 活动开始前，同学们先一起唱歌或喊口号。

2. 将全班同学分成 3 个野炊小组，野炊所用工具及食品也均等分成 3 份，发给每个小组。

3. 每个小组选出一名小组长，然后由小组长带领开展野炊活动。

4. 小组内部要分工合作。

5. 做出食物后，再将 3 个小组合并，共同品尝美食。

6. 野炊后可以开展各种文体活动。

注意事项

1. 选择的郊外必须是安全有保障的。

2. 有些学生缺乏野炊的常识，老师务必讲明。

3. 野炊结束后，注意环境卫生，将垃圾等带出景区。

教育意义

通过郊游野炊中的互帮互助，同学们可以认识到团结的重要性。大家发挥集体的力量与智慧才能做好这一顿饭。品尝自己和朋友共同做出来的饭菜，虽然可能汤咸一些，菜放的醋多了一些，但是吃起来却别有情趣，因为这是集体劳动的成果，代表了一个班的友谊。

编号4

多人多足 50 米赛跑

目的

掌握绑腿跑的基本技术和技能，培养同伴之间相互合作的精神；提高速度、灵敏度、耐力等运动素质和健康素质；培养学生身体协调能力和积极进取的运动态度，增强自信和自尊。

准备工作

1. 选择操场作为比赛场地。

2. 绑腿绳若干条，海绵包若干。

具体内容

1. 以班级为单位参加比赛，每队初中男 15 人，女 15 人，高中男 10 人，女 10 人；分年级比赛。

2. 所有参赛队员只能穿运动鞋，不得穿钉鞋。

3. 发令前，每队按横排立于起点线后，分别将相邻队员的左右腿绑绑在一起（绑在踝关节附近）。

4. 所有队员以站立方式起跑，听到发令后，同时走或跑向终点（终点处放有海绵包），以最后一名队员通过终点线为计时终止。用时少者名次列前。

5. 行进中所有相邻队员两腿自始至终要用绑腿绳绑在一起，如遇脱落，需在原地重新系好后才可继续行进，否则成绩无效。如中途有队员摔倒，待整理好后可继续行进。

注意事项

1. 组队应注意运动员的身高不能差别太大，否则这样队员的步幅差别会很大，从而影响全队绑腿跑的步调不一致。

2. 在训练方法上，主要应该做到：

①配合练习。在训练入门时，让队员做原地踏步走，然后绑在一起做原地踏步走和齐步走的练习，学生共同喊着"1、2、1、2……"，用同样的节奏来建立共同配合的感觉。

②个人固定步长跑。方法是先测每人跑 50 米的步数，算出跑 50 米的平均步长，并在 50 米内划线做标志，然后按标志线跑 50 米，严格按照这些标志宽度来控制步长，在这种标志下找固定步长跑的感觉。

③小幅度摆臂跑。着重强调学生在跑动过程中，注意摆臂幅度一定要减小，以免由于摆臂幅度小而不适应，从而影响速度。

④固定步幅的频率。采用跑台阶的方法，要求运动员做一步一级或一步两级的高步频跑，培养学生在一定步长的情况下建立快速步频的感觉。

3. 在训练过程中，应注意安全，尽量佩戴护膝、护掌等保护工具。同

时，绑腿跑的运动量不能过大，不能在疲劳的情况下继续进行配合训练，如果这样训练，会发生意外。

教育意义

绑腿跑游戏的内容比较简单，可是学生参与的热情非常高，因为现实生活中很少会有学生之间绑着腿跑步，更何况是跟自己的好友一起合作。当很多学生结合起来成为一个整体，心连心进行比赛，会使学生充分体会到团结的力量，会学会怎样合作和互相帮助。所以该比赛对培养学生的参与热情和学习兴趣非常有益。

编号5

共同分担

目的

让同学们深刻体会同心协力的重要性，体验共同完成目标的喜悦。

准备工作

1. 选择空旷的场地，例如操场、空教室等。

2. 选择一段轻柔的背景音乐。

具体内容

1. 先从班中选出两名同学（示范作用），组成一组，背对背坐在地上，手臂互扣，然后一起运力，互相依靠着站立起来。

2. 其他同学注意观看这两名同学示范的过程。

3. 再加入两名同学，这时是4个人围成一圈，也按照上述方法，互相依靠着站立起来。

4. 逐次增加更多的同学参与到圆圈中，难度逐渐加大。

5. 最后全班同学围成一个大圆圈，齐心协力完成目标。

6. 游戏结束后，老师组织同学们一起讨论游戏成功的条件。

班级活动游戏宝典

注意事项

1. 游戏中会有不顺利的时候，老师需启发同学们的智慧，并且鼓励他们。

2. 有同学在游戏进行中领悟出游戏的诀窍，要及时与大家分享。

3. 游戏后的讨论很重要，争取每名同学都分享自己的经验。

教育意义

最开始，两名同学背对背站立起来很容易，但是随着人数的逐渐增多，游戏的难度也随之增大，站起来所需要的时间也就越多，这表明了一个道理：人越多，其思想也就越多，也就越难统一，但是大家这时要面对一个目标，所以就要统一思想。这个游戏让大家真正体验到了从小我融入大我的过程。

编号6

找名字

目的

让一个班的同学更加熟悉，班级更加团结。

准备工作

旧报纸若干张、胶水若干、纸若干张。

具体内容

1. 将全班同学分成若干小组，人数在 10 人左右，不宜过多。

2. 每个小组各发报纸 1 份及胶水 1 瓶。

3. 听到老师发出开始的命令后，小组的同学就在报纸上寻找与组内所有成员姓名相同的文字，撕下，并贴在纸上。

4. 以 3 分钟为规定时间，时间到后，看哪个小组有最多组员名字，就算胜利。

一 班级发展篇

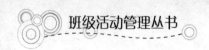

5. 最后一名的小组要表演节目。第一名的小组获得奖品。

注意事项

1. 会有些同学的名字的字是十分罕见的字，在报纸上难以找到，这样的情况要另外制定规则。

2. 小组内部应该分工明确。

教育意义

这是一个测试熟悉度的游戏，有时候我们往往遇到这样的事情，知道对方的名字，却不知道是哪几个字，这证明关系还是比较淡漠的，每个班里都有这样的情况发生，老师想要杜绝，可以采取找名字游戏的方法。

编号7

变形虫赛跑

目的

发扬合作的精神，让同学们共同完成比赛。

准备工作

1. 绳子若干条，要长一些。

2. 选择合适的比赛场地，例如操场。

3. 比赛所需的奖品。

具体内容

1. 将全班学生分组，每个小组为 8～10 人。

2. 组员互相靠紧站着，举起双手。用绳子围着组员们的腰间绑紧。

3. 画好起点和终点，进行一次变形虫赛跑。

4. 老师宣布比赛开始，最快到达终点的小组获胜。

5. 老师为获胜的队伍颁奖。

注意事项

1. 可以设一个简单的障碍赛，例如全组人要绕着椅子走几圈。

2. 若要增加难度，各组选一位指挥，其余人闭上眼睛，由指挥带领完成障碍赛。

3. 为了避免尴尬，可以男女生分组。

教育意义

友谊第一，比赛第二。这样的竞赛还能体现出同学们的团结协作，作为绳子中的一个环节，每一位同学都要付出百分之百的努力，才能帮助自己的小组获得第一。反之，只要本组的组员不齐心协力，就会互相影响，很容易就会被其他小组超过去。所以，团结是有其实际功用的。

编号 8

上下传物

目的

培养学生的合作精神。

准备工作

1. 球、豆袋或其他物品。

2. 比赛所需奖品。

具体内容

1. 全班同学分成若干个小组，每组 6~10 人。

2. 小组排成单行。分别把两个球各给排第一位的组员。

3. 老师的号令一发，排头的同学把一个球在头上向后传给第二名同学，如此依次传至最后一名同学，此人把球留着。

4. 第一名同学把球传出后，10 秒后把第二个球在胯下传给第二名同学，如此依次传至最后一名同学。

5. 当最后一名同学接得第二个球时，他每手各执一球，跑去站在排头前面，此时各组员都向后移动一步，留下前面的位子给他。

6. 他也依法把第一个球在头上传至后面，然后口喊 1~10，再把第二

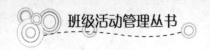

球在跨下向后传递。

7. 等到原来的排头移至队尾而接得两球时，他就带着球跑到前面原来位置。

8. 排头位的组员先跑回原位的那组即获胜。

9. 为获胜的小组颁奖。

注意事项

1. 比赛过程中有作弊行为的小组，加时 10 秒。

2. 比赛中注意安全。

3. 留给每组 5 分钟的练习时间，熟悉过程。

教育意义

在同学们彼此的传接配合中，动作更加默契了，友情更加深厚了。在老师引领一次游戏之后，可以鼓励同学们在课间多做这一类的集体游戏，既放松了身心，又团结了班级。

编号 9

人物速写

目的

增进同学之间的交流，了解其他同学眼中的自己。

准备工作

纸、笔。

具体内容

1. 将全班分成若干个小组，每小组大概 10 人。

2. 每位同学用隐喻描绘小组中的每一个人，例如某种动物、家具、汽车、植物等，例如："我觉得你好像一部摩托车。"然后说明为什么会有这种印象。

3. 同学们共同分享被描绘的感受。

4. 老师带领全班同学进行讨论：

①你认为比喻自己最到位的是哪位同学？为什么？

②你是怎样形容自己的？

③你最了解哪一位同学？最不了解哪一位同学？

④今后你最想了解哪一位同学？

⑤你所知道的沟通技巧有哪些？

注意事项

1. 游戏后的讨论非常重要，老师要引导同学们多思考，多联想。

2. 不能用带有恶意的词汇去形容别的同学。

3. 老师要注意观察同学们的表现。

教育意义

听一听别人描绘的自己和自己心中的印象是否吻合，就可以了解自己将多少真实展现给其他同学了。有时，我们在不了解别人时，可能会产生一定的误解。消除了误解，也就消除了对别人不正确的认识。

编号 10

拔河比赛

目的

让所有同学凝成一股力量，一起战胜对手。

准备工作

1. 选出一名比赛的裁判。

2. 1 块手绢或是布条，1 根绳子。

3. 选择合适的场地，例如操场或公园。

具体内容

1. 将所有参赛者平均分成两队（要考虑到队员的身高和力量大小）。

一 班级发展篇

2. 将布条系在绳子的中点处，作为记号。

3. 这个游戏最好在柔软的草地或是沙滩上进行。

4. 两队排成纵队，分别站在绳子的两端。绳子中间大约留出 1 米的长度。

5. 双方握好绳子。每一方排在末尾的队员应起到铁锚一样的作用。因此，最好安排身体最强壮有力的人站在队伍的最后。

6. 当两边的队伍都准备好后，裁判开始喊口令"各就各位，预备，开始"。这时，两队就开始使劲地朝自己一方拉绳子，试图将对方拉到自己这边来。

7. 只要对方的第一个队员越过了中心线，你们的队就获胜了。

注意事项

1. 第一个队员得尽量握住靠近两米线外侧的绳子，脚位不能超过两米线。

2. 选手空手，双手掌向上紧握绳子。

3. 绳子必须在躯干与上臂之间通过。

4. 不能使用防止绳子动摇的支撑法，以及其他方法。

5. 比赛时，必须两脚在膝前伸直，且必须握住绳子。

6. 队员站位顺序由领队自定。

教育意义

锻炼班级团结的一个经典活动就是拔河。拔河赛，让学生学会团结合作。我们每一个人都不是孤立生活在社会之中，学会合作，对一个人，对一个集体，都是极为重要的。合作能起到一种杠杆作用，能够增大自己的力量，可以实现自己一个人办不到的事情。

编号 11

盲人旅行

目的

通过助人与受助的体验，增加对他人的信任与接纳。

准备工作

1. 选择宽敞的室内、室外、楼梯、楼道。

2. 若干块蒙眼用的手帕或头巾，在路线上人为设置若干障碍物。

3. 路线导行者 1 人。

具体内容

1. 将全体同学按 1、2……顺序报数。

2. 请 1 号同学站到内圈，2 号成员站在外圈。

3. 强调游戏规则：从此往后直到游戏结束的整个时间内不能说话。

4. 请 2 号同学用手帕或头巾为 1 号成员蒙上眼睛。

5. 请被蒙上眼睛的 1 号同学原地转 3 圈。

6. 请 2 号同学任意挑选一位自己平时交往不多或不认识的人作为帮扶对象，跟着导行者开始第一轮盲行。指导者全程参与，进行观察、规则提醒与监督，注意盲人行途中的安全。

7. 回到盲行的起点，所有 2 号同学再做盲人，1 号做帮助者，规则要求同第一轮，尽量改变一下行走路线。

8. 活动结束后，同学们交流当盲人的感觉及帮助别人的感觉，并在班级内交流分享。

注意事项

1. 要防止有不守规则的成员在报数以后外出处理私事，导致没人领的"盲人"被孤独地落在室内或起始地。

2. 活动中注意安全。

教育意义

当一个人闭上眼睛时，他会对外界产生恐惧感，这时候，将自己的信任交托到别人手中，需要极大的勇气，同时，被托付的同学身上也承担着重大的责任，要尽心尽力担任好引导者的角色。

班级发展篇

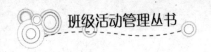

编号 12

松鼠与大树

目的

打破隔膜，活跃气氛，扩大班级内部同学的交往范围，增加对其他同学的接纳。

准备工作

宽敞的室内或室外空地。

具体内容

1. 将全班同学分组，可以采取抽签的方式，3 人一组。

2. 其中任意两人面对面，伸出双手搭成一个圆圈，扮大树；一人站在圆圈中间，扮松鼠；指导者或其他没有成对的学员担任临时人员。

3. 老师讲解游戏规则：

①当老师喊"松鼠"时，"大树"不动，扮演"松鼠"的同学必须离开原来的"大树"，重新选择其他的"大树"。

②当老师喊"大树"时，"松鼠"不动，扮演"大树"的人必须离开原先的同伴重新组合成一对"大树"，并圈住"松鼠"。

③当老师喊"地震"时，扮演"大树"和"松鼠"的同学全部打散并重新组合，扮演"大树"的同学可以扮演"松鼠"，扮演"松鼠"的同学也可以扮演"大树"。

4. 开始游戏。

5. 说完每个口令后，老师要特别注意关注全场的"松鼠"与"大树"的组合过程与情况，根据现场情况及时对个别同学加以鼓励、引导。

6. 游戏结束后，全班同学进行讨论，讨论的问题可以有以下几个方面：

①你在游戏中的感受如何？

②你的活动范围是什么？

③在游戏中你的主动性如何？

④你还有什么新的发现？

注意事项

1. 此游戏适合低年级的学生。

2. 游戏进行几轮后，"松鼠"与"大树"可以互换角色体验。

3. 老师亦可参与到游戏中，由同学担任发号施令的角色。

教育意义

每位同学根据自己的喜好都会在班里交到不错的朋友，但相对的，朋友圈也就局限了，不再继续发展了，老师为了打破这个僵局，可以利用松鼠与大树游戏，将班上平时不怎么接触的同学凑在一起，从共同游戏开始，变班级小圈子为大圈子。

编号13

站报纸

目的

体验个体对团体的归属感、个体对团体的影响和团体成员间合作的重要性。

准备工作

1. 宽敞的室内或室外场地。

2. 报纸若干张。

具体内容

1. 将全班同学分为几个小组，每组约 8～12 人。

2. 每组分发 1 张报纸。

3. 请各组成员设法站到 1 张报纸上，条件是脚不触地，维持 10 秒。

一 班级发展篇

4. 把报纸对折，看哪组站在报纸上的人最多。

注意事项

1. 注意成员安全。

2. 考虑异性成员一起参与的可行性，可将男女分开进行。

3. 可多备几张报纸以备用。

教育意义

在比赛进行中，为了能在小小的报纸上面站上更多的人，每一组的同学都绞尽了脑汁，与组里的同学热烈讨论各种办法的可行性，这个过程十分重要，体现了一个团队共同思考，共同努力的意义，最后获得的结果也会让各位同学惊喜。

分工协作

班级活动游戏宝典

编号 1

欢乐呼啦圈

目的

让同学们体会合作的重要性，并且学会彼此协作，面对一个目标共同努力，直到完成任务。

准备工作

1. 呼啦圈若干个。

2. 数段欢快的背景音乐。

3. 游戏所需的奖品。

具体内容

1. 全班同学分成若干小组，每组 7～10 人。

2. 每组同学手拉手围成一个大圈，呼啦圈套在相连两个人的手臂上。

3. 全组的同学要用最短的时间将呼啦圈从起始位置穿过本组每个同学传一圈，传的过程中，拉在一起的手不能松开。

4. 老师一声令下表示开始后，小组就开始比赛，看谁完成的最快。

5. 完成最快的小组，每位同学获得一份小奖品。

6. 游戏结束后，大家共同讨论合作的优点，畅所欲言。

注意事项

1. 允许每个小组有 5 分钟的练习时间。

2. 游戏后的讨论争取让每位同学都发言。

3. 每个小组男女生相当，身体条件相似。

教育意义

同学们一定都玩过呼啦圈，但是很少有一种玩法需要一组人共同配合，在比赛队伍中，每个人的角色都十分重要，如果自己的速度稍慢了些，就会影响整组的速度，进而影响自己小组的成绩。所以，必须做好自己的这个环节，整个小组才能胜利。

编号 2

浮桥抢险

目的

发展学生的灵敏性和协调性，培养学生分析问题和解决问题的能力。促进小组中学生间的分工协作，培养学生合作意识，发挥团队精神，帮助同学们养成遵守规则的良好习惯。

准备工作

1. 长 10 米左右的两条平行端线，相隔 25～30 米。

一 班级发展篇

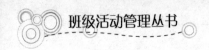
2. 准备小垫子 20 块，实心球 8 个。

3. 准备好游戏所需要的奖品。

具体内容

1. 分 4 个小组，每组 10 人，每组 5 块小垫子作为浮桥的木板，2 个实心球做炮弹。

2. 各组将 5 块小垫子整齐码成一摞放在端线后，实心球放在旁边，10 人排成一路纵队站在小垫子后。

3. 老师宣布游戏开始后，各组利用小垫子搭成浮桥将各组队员和实心球从此岸运到彼岸。

4. 以队员全部到达并将小垫子和实心球码放成游戏开始时的样子的先后判定名次。

5. 给名次最好的一个小组发放奖品。

注意事项

1. 游戏前要给各组讨论快速取胜方法和进行分工的时间。

2. 有见习生时可安排他们帮助教师做裁判，检查各组遵守规则的情况。

3. 游戏熟练后，可减少小垫子的数量以增加游戏的难度，更好地体现游戏的活动目的。

4. 游戏过程中任何人身体的任何部位不得着地。

教育意义

游戏技巧中，有小垫子摆放方向和间距的考虑，有分工的合理性的考虑，所以赛前讨论非常必要。老师所给的方法和规则很简单，但内涵却非常丰富，可以想象竞争是非常激烈的。

编号3

"瞎子"背"瘸子"

目的

考验同学们之间的沟通配合能力，活跃气氛。

班级活动游戏宝典

准备工作

1. 一些障碍物。

2. 比赛所需的小奖品。

具体内容

1. 当场选 6 名学生，3 男 3 女。

2. 男生背女生，男生当"瞎子"，用纱巾蒙住眼睛，女生扮"瘸子"，为"瞎子"指引路，绕过路障，达到终点，最早到达者，为赢。

3. 其中路障设置可摆放椅子，须绕行；气球，须踩破；鲜花，须拾起，递给女生。

4. 决出速度最快的拍档和配合最默契拍档，为他们发放奖品。

注意事项

1. 所选的障碍物要保证比赛的安全。

2. 比赛开始之前可以给各组选手 5 分钟的练习时间。

3. 要考虑到学生体型、身体素质等实际情况，不能勉强参加比赛。

教育意义

在这个游戏中，男生充当了女生的腿，而女生充当了男生的眼睛，两个人必须全身心投入比赛，同心协力才能成功突破所有障碍。有些班级的男女生关系不是十分融洽，这是一个非常好的促进男女生关系的游戏，通过游戏，可以摆脱往日嫌隙，增进彼此情谊。

一、班级发展篇

编号4

踏板运水接力

目的

让学生们体验分工协作的过程，以及培养全组坚持不懈的精神。

准备工作

1. 踏板 4 副，大塑料桶 9 个（其中 4 个空桶放终点，4 个装满水的放

起点，1 个装满水的在起点处备用），小塑料盆 16 个，中塑料桶 1 个（加水备用），秒表 1 个，鼓 1 个，锣 1 面。

2. 每队男女各 6 人共计 12 人，分 3 个小组进行接力，每小组须配置 2 男 2 女。

3. 准备比赛所需纪念奖品。

具体内容

1. 每组第一位队员将一对踏板放第一小组队员右侧；每组 4 位协作队员各端水 1 盆。

2. 裁判宣布"开始"，各队第一组队员迅速将双脚分别伸入踏板脚套中，右手端协作队员递过来的水盆，左手搭前一位队员的左肩（最前面一位队员除外）前行。

3. 到达终点，将水盆中的水倒入本队的水桶后，按原方式原路返回。

4. 返回起点，队员双脚离开踏板，水盆交协作队员打水。

5. 下一组开始比赛。

6. 最后 10 秒，裁判开始读秒："10、9、8……1，停！"（鸣锣）

7. 比赛规则：

①比赛时间 10 分钟，以运送水的多少决出名次。

②打水可以由协作队员进行，但协作队员必须是队员，非队员不能提供任何协助。

③终点倒水除本人或本小组其他队员协助外，其他人员不能提供任何协助。

④倒水时可以双脚离开踏板。

⑤终点踏板掉头时，可以用手协助掉头，但位置应与掉头前大体相当。

⑥2 男 2 女一组，男女队员前后踏板位置不作限制。

⑦中途倒地可以重新套上踏板端起水继续前进。

⑧某队如果第三组完成后仍有时间，可由 12 个队员中的任意 4 位队员（仍需 2 男 2 女）继续，直至 10 分钟时间结束裁判鸣锣收兵。

8. 进行发奖仪式，为第一名发冠军奖，其他队获鼓励奖。

注意事项

1. 比赛中选手们要注意安全。

2. 根据选手的年龄以及力量，考虑水盆所装水的多少。

教育意义

完成整个比赛过程是一件很不容易的事情，何况还要争取时间越少越好。这就需要参赛的同学们放下以前同学之间可能存在的纠葛、关系陌生等问题，全力投入到比赛中。不论最后的名次如何，同学们都会体会到分工协作所发挥的力量有多大。

编号5

彼此配搭

目的

学生们学会分工合作。

准备工作

1. 蒙眼的毛巾若干条。

2. 老师要在游戏前准备一些动作的词汇。

具体内容

1. 将全班分组，4 人为一个小组，分别是"脑"、"眼"、"手"和"口"。

2. 比赛规则：

① "脑"只能发号施令。

② "眼"只能使用眼神。

③ "手"只能做动作。

④ "口"只能说话或饮食。

⑤除了当眼睛的一位，其他的人都要蒙眼。

一 班级发展篇

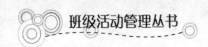

3. 老师讲出一个动作，例如吹气球、吃香蕉、涂口红等，各组员便要各按职份合作完成。

注意事项

1. 每个小组的同学可以在几轮游戏结束后互换角色。

2. 老师可以参与到游戏中去。

3. 低年级的同学可以表演简单的动作，随着学生年龄的增大，可以将动作难度也加大。

教育意义

在游戏最开始，同学们可能会很不适应，因为每个器官只能表演自己的那个功能，不能有超越职责的表现，但是随着游戏的不断进行，同学们开始熟悉自己的新角色，并能更深刻地认识到各司其职在整体工作中的重要性。在今后的工作与学习中，每位同学都会像游戏中那样在现实中做好自己的角色，成为整体中有意义的个体。

编号6

吸豆竞走

目的

让同学们体会合作的重要性。

准备工作

1. 空碗、吸管。

2. 一堆比吸管直径大的豆。

3. 适合的活动场地。

4. 比赛所需的纪念奖品。

具体内容

1. 将全班同学分成两支队伍，各成单行纵队，站在线的后面。

2. 在起点上各放一只空碗；在对面的终点上也各放一只碗，碗内盛有与各队人数等量的豆子。

3. 游戏开始，第一人拿着吸管跑到对面终点，用吸管吸起一粒豆子，跑回来放在起点空碗内，若途中豆落地要重新吸起再跑。

4. 然后交第二人继续。如此类推。先跑完的一队得胜。

5. 获胜的队伍每名队员都能获得纪念奖品。

注意事项

1. 根据班级人数、活动空间等条件，人员的划分可以做调整。

2. 由于是简单的游戏，奖品不宜太隆重。

教育意义

当看到自己的同学拿吸管吸着豆子向前跑是一件很好笑的事情，而当看到队友落后或是豆子掉在地上时，又会为他担心，整个比赛过程十分热烈。一支队伍通过全体同学的努力将豆子全部运送过去，是一件非常有成就的事情。

编号7

点心塔

目的

让同学们掌握合作与平衡，学会承担个人责任。

准备工作

1. 足够的饼干，或其他可以叠高的食品。

2. 平整的大桌子 1 张。

具体内容

1. 每组 3 人一起负责叠饼干，互相协助。

2. 3 分钟内将饼干叠得最高者为赢。

一 班级发展篇

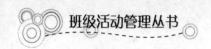
3. 完结后各组可一同吃完自己的饼干。

注意事项

1. 此游戏适合低年级的学生。

2. 叠饼干之前，同学们应该洗手，保证个人卫生。

3. 点心塔若是倒了，需要重新开始。

教育意义

低年级的学生理解能力有限，老师单纯的说教是无法让他们认识到合作的重要。借助点心塔游戏，同学们能切身接触到分工协作，当有同学不小心把点心塔弄倒时，他会对集体产生愧疚感，老师通过这种方式也间接地教育了学生。

编号8

目的

全班同学互相合作，了解自己的长处及短处，正确认识自我。

准备工作

1. 自制数套拼图，用海报或杂志图片贴在硬卡纸上，然后剪成 20 ~ 30 块有凹凸形状的小块。

2. 将一套拼图打散在数个信封中，每位组员一份。

3. 其他几套拼图照样准备，在每套信封上注明组别。

具体内容

1. 步骤

①将全班分成若干个小组，每组 4 ~ 8 人，各分得一套装有拼图块的信封。

②在 10 分钟内，每组齐心将图拼出。

③可禁止组员说话，只用身体语言，以增加游戏难度。

④也可以对过程计时，最快完成拼图的一组获胜。

2. 彼此互补

①完成拼图后，老师请各组的同学讨论以下题目：

A. 什么因素使你们拼得快而准？

B. 组员中谁最主动？谁最被动？

C. 谁只留意自己？有没有人留意别人手中的拼图，尽量配合别人所需，贡献己有？

D. 在整个过程中，你感觉如何？为什么？

②老师这时要告诉同学们，其实每人都是拼图的一块，既有凹处，也有凸处，并请同学们想一想，自己有什么突出或不圆满之处。

③每人发一张纸，分两栏，各人在一栏写上自己的凹处（短处），在另一栏写上自己的凸处（长处）；并在背面写下一项自己可以在这群体中，发挥"凸处"的具体行动。

注意事项

1. 每组的拼图难度应是相当的。

2. 游戏后的讨论很重要。

3. 对于没有发挥作用的同学，老师应给予重视。

教育意义

相信拼图游戏大家一定都玩过，拼图若是少了小小的一块，就不会构成完整的拼图了。而班级就像整张拼图，同学们就是拼图的小小一块，认识到这一点，同学们就会重视自身与集体，发挥主观能动性，为集体争光。

一 班级发展篇

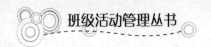
编号9

扔沙包比赛

目的

同学们分工协作共同完成游戏任务，战胜对手。

准备工作

1. 选择合适场地，例如操场。

2. 制定比赛细则。

3. 抽签所用纸箱与纸条。

4. 沙包数个。

5. 选择裁判1名。

6. 比赛所需奖品。

具体内容

1. 全班同学分成若干个小组（数量必须是偶数），每组3~6人。

2. 每个小组抽签决定初赛对抗小组。

3. 按顺序进行比赛。

4. 游戏规则：

①扔沙包的一组再分两组站在场地的两端，躲沙包的一组站在中间。

②两头扔沙包的人轮流砸中间躲沙包的人，如被砸中则退下。

③如果躲沙包的人接住沙包，则可以让一个退下的人入场。

④如此进行下去，直到躲沙包的人全部退下，两组人互换。

⑤比赛采取三局两胜制。

5. 比赛流程是淘汰制，最后两个队伍进行决赛。

6. 为优胜队伍颁发奖品。

注意事项

1. 身体不好的同学可以不参加。

2. 游戏进行中，各位同学要注意安全。

教育意义

扔沙包是一个经典的游戏，它正是分工协作的代表，平时，这个游戏总是用来休闲娱乐，但是，老师把扔沙包发展成为比赛，增加了对抗性和趣味性。

编号 10

人椅

目的

体验合作和个人对团体的影响。

准备工作

1. 选择空旷的活动场地，例如操场。

2. 在活动场地上设置起点线，终点标志物。

3. 比赛所需纪念奖品。

具体内容

1. 老师讲明游戏的过程。

2. 将全班同学分成若干个小组，每组 8 ~ 10 人。

3. 每组的同学将双手放在前面一位成员的双肩上。

4. 听从老师的指令，缓缓地坐在身后成员的腿上。

5. 坐下后，让各组同学共同喊口号"齐心协力，勇往直前"做原地踏步，使队伍的步伐整齐。

6. 按照统一指令开始向终点行进。

7. 最快到达终点的队伍，获得纪念奖品。

注意事项

1. 比赛之前，给同学们足够的练习时间。

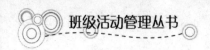
2. 可根据同学的年龄，规定时间完成，或到终点结束，或绕过终点标志物回到起点。

3. 落后的队伍应同样受到鼓励。

教育意义

有些同学可能不太相信自己的队伍能以人椅的方式抵达终点，但是当这一切实现后，每位同学就应该明白只要发挥集体的力量，万事皆有可能。

班级活动游戏宝典

二、素质培养篇

如今，学校教育越来越提倡素质教育了，但是，什么样的素质教育才是真正有效果的呢？各位教师一定有自己的观点与经验，但大家一定会在一点上达成共识，那就是让学生主动接受的素质教育方式才是最好的方式。通过游戏达到教育目的，并且让每位同学收获快乐，教师何乐而不为？

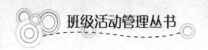

个人成长

编号1

快乐传真

目的

让同学们学会非语言表达，训练这方面的能力。

准备工作

1. 老师准备一些所需的语句，包含完整的人物、动作、结果等内容。

2. 耳机若干。

3. 轻松的背景音乐。

具体内容

1. 将全班同学分成若干个小组，每个小组6～10人。

2. 小组同学按自己排的顺序站成一条直线。

3. 除了第一名同学，其他同学都带上耳机。

4. 老师告诉第一名同学一个语句，让他通过动作来向第二个人表达这句话。

5. 第二名同学按照自己的理解，再将第一名同学的动作表演给第三名同学看。

6. 按照这个方式传下去。

7. 传到最后一名同学，由他来猜这句话是什么。

8. 老师公布正确答案，看一看失真率有多少。

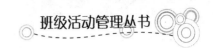
9. 全班同学可以进行讨论：

①如何用动作表达意思？

②为什么有的小组成功率高，而有的小组的话完全走了形？

③沟通的重要性有哪些？

注意事项

1. 游戏中禁止作弊行为，例如对口型、旁边的队员提醒等。

2. 讨论之后，可以再进行游戏，观察前后的效果变化。

3. 老师也可参与到游戏中去。

教育意义

快乐传真是电视综艺节目常常玩的一种游戏，老师同样可以把它列入班级游戏行列，除了营造欢乐气氛，快乐传真的最大作用就是教会同学们非语言表达，并且在今后的生活中配合语言表达。

编号2

经典影视配音大赛

目的

锻炼同学们的模仿能力、角色表演能力。

准备工作

1. 电脑与投影仪。

2. 数段影视剧的段落。

3. 制定比赛规则，准备比赛奖品。

具体内容

1. 将全班分成若干个小组，每组3~5人。

2. 每个小组抽签，决定自己配音的影视剧。

3. 小组内部分配角色，练习，用时20分钟。

二
素质培养篇

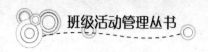

4. 按顺序开始比赛。

5. 可由其他班的同学做评委，选出模仿最佳小组、模仿最佳个人等奖项。

6. 为获奖小组或个人颁发奖品。

注意事项

1. 影视剧的片段应该是大家熟知的，难度适中，长度在 10 ~ 20 分钟之间。

2. 允许男女反串。

3. 低年级的同学应该由老师指导进行。

教育意义

很多同学都很喜欢观看影视剧，不妨根据同学们这个特点，开展一个经典影视配音大赛。它对个人的模仿能力是个锻炼，要模仿出剧中演员的声音甚至神韵是一件不容易的事情。

编号 3

5 毛和 1 块

目的

锻炼同学们的反应能力，以及迅速决策的能力。

准备工作

1. 宽敞的活动场地。

2. 负责指挥的裁判 1 名。

具体内容

1. 老师公布游戏规则：男生代表 1 块钱，女生代表 5 毛钱。

2. 游戏开始前，同学们全站在一起，裁判站边上。

3. 裁判宣布游戏开始，并喊出一个钱数（比如 3 块 5、6 块或 8 块 5），裁判一旦喊出钱数，游戏中的人就要在最短的时间内组成那个数的小团队。

举例说明：如果喊出的是3块5，那就需要3个男生1个女生，或7个女生，或1个男生5个女生之类的小团队。

4. 没有完成的小组要给大家表演节目。

5. 继续进行游戏。

注意事项

1. 同学们的动作必须快。

2. 有的同学会被团体"抛弃"，这是正常的。

3. 老师要先计算好数字。

教育意义

当发生紧急事情时，需要人们快速思考，快速做出决断。这个小小的游戏就锻炼了同学们这方面的能力，使同学们在游戏中成长。

编号4

扮时钟

目的

训练同学们的判断力和反应能力，建立对时间的概念，活跃班级的气氛。

准备工作

1. 在白板或墙壁上画一个大的时钟模型，分别将时钟的刻度标识出来。

2. 3根长度不一的棍子。

3. 老师讲解游戏规则。

4. 制定惩罚规则。

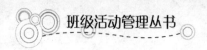

具体内容

1. 老师从班中选出 3 名同学分别扮演时钟的秒针、分针和时针，分别拿着 3 根道具棍子（代表时钟的指针）在时钟前面站成一纵列（注意是背向白板或墙壁，扮演者看不到时钟模型）。

2. 老师任意说出一个时刻，比如现在是 3 小时 45 分 15 秒，要 3 个分别扮演的同学迅速地将代表指针的道具指向正确的位置。

3. 指示错误或指示慢的同学接受惩罚。

注意事项

1. 让尽量多的同学都体验一下游戏。

2. 观看的同学不要提醒。

3. 此游戏适合低年级学生。

教育意义

同学们都会识别时钟，但是换个方式表示时钟呢？这个游戏就选择了一种新颖的视角，由同学们亲自扮演时针、分针、秒针的角色，测试了同学们的反应能力。

编号 5

正话反说

目的

训练同学们随机应变的能力，以及语言表达能力。

准备工作

1. 准备一些短语或句子，分成 3 个字的、4 个字的、5 个字的，甚至更多字的。

2. 老师讲解游戏规则。

3. 比赛所需的纪念奖品。

具体内容

1. 从班中选出几名同学（可以采取自己报名的方式）。

2. 这些同学横向一排站好。

3. 老师首先说一个最简单的三字词语，例如"新年好"，第一名同学要立刻说出"好年新"。

4. 以此方法，老师问每一个同学，说错或是说得太慢的同学都要被淘汰。

5. 一轮结束后，第二轮就是 4 个字的，第三轮就是 5 个字的。

6. 最后一名幸存者可以获得小奖品一份。

注意事项

1. 禁止作弊行为，观看的同学不能提醒。

2. 为了增加难度，老师后面的语速可以加快。

教育意义

我们都习惯了正着说话，反着说话就会觉得很不自然，这是违反常规的行为，在习惯的支持下，我们很容易做一些事情，若是克服既定的习惯，像游戏中那样，正是锻炼了同学们对自我思想、行为的控制能力。

二 素质培养篇

编号6

寸步难行

目的

考验同学们的耐力，认识到坚持不懈的重要。

准备工作

1. 纸条若干。

2. 空旷的户外场地，例如操场、公园等。

3. 选择赛道，划分起点和终点。

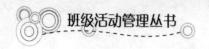

具体内容

1. 全班同学分成若干个小组，每组 6 ~ 8 人。

2. 各组员在每两人之间在两腿膝盖处用纸条打结。

3. 老师发出开始的指令，每个小组的组员便要齐步从起点行到终点。

4. 若途中纸圈滑落，需要回到起点重新开始。

5. 如果因为走得太快而把纸条撕破，必须在断处重新打结，再往前走。

6. 随着纸圈变得越来越小，难度则相应提高。

7. 最先到达的小组获得第一名。

注意事项

1. 纸条的长度要合适。

2. 每组可以有 5 分钟适应与练习时间。

教育意义

这是一个十分精彩的游戏，但是在精彩中同样存在可以学习的道理，只有克服困难，坚持不懈才能获得最后的成功。

编号 7

人格特质回响

目的

提出自己拥有但不太受别人喜欢的人格特质，并聆听他人所提供的改变建议。

准备工作

1. 若干纸、笔。

具体内容

1. 全班同学围成一个大圆圈坐下。

2. 老师提供 15 种心理需求项目。例如成就、顺从、秩序、表现、自

主、亲和、省察、求助、支配、谦逊、善良、变异、坚强、攻击等。

3. 请同学们写出其中 3 项自己认为太高或太低，而自己不喜欢的人格特质。例如秩序性太低、自主性太低、攻击性太高等。

4. 每名同学轮流念出所写的，简略述说不喜欢的原因，其他同学回应，并给予建设性的具体建议。

5. 全体同学轮流完毕，讨论感觉。

6. 老师做总结发言。

注意事项

1. 此活动适合高年级学生。

2. 老师应具备一些心理专业知识。

教育意义

每个人拥有自己的人格特质，有些特质是正向的，需要保持，有些则是负向的，需要凭借自己或他人的力量逐步纠正。学生正处于性格的养成期，老师需要让他们了解自己的性格，尽量多培养正向特质，摆脱负向特质。

编号 8

最能代表我的植物

目的

强化同学们对自我的认识，同时加深对他人的认识和理解。

准备工作

1. 选择一个室内的场地。

2. 白纸若干张，彩笔或油画棒若干。

具体内容

1. 将全班同学分组，每个小组 8～10 人。

2. 每组发 1 盒彩笔或油画棒，每人发 1 张白纸。

二 素质培养篇

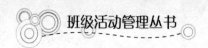

3. 请每位同学在纸上画一种最能代表自己的植物。

4. 在小组内向他人介绍和说明自己的答案和原因。

5. 老师组织全班同学进行讨论。

6. 将同学们的画作进行展示。

教育意义

在每位同学的心中，都有一面镜子，反映着自身的方方面面，同时也反映着身边的人，自我的认识却与他人对自己的认识有所出入。通过这个游戏，可以让自己和别人更了解"真实的我"，弥补认识上的差距。

编号9

突围闯关

目的

体验和发现自己在面对困境或困难时的表现与心态。

准备工作

1. 宽敞的室内空间或室外空地。

2. 老师讲明游戏规则。

具体内容

1. 突围行动：

①选出一位同学，站在团体中央。

②其他的同学则用手臂勾结，形成包围。

③被包围在团体中央的同学可以采用任何方式，力求突围挣脱；而围成一圈的同学们要尽自己的权利，不让被包围者逃出。

④一段时间之后，换其他的同学进行尝试。

2. 闯关行动：

①所有的同学围成一圈，并以手臂勾结。

②老师或其他一位同学站在圈外，想尽一切办法打入同学的圈子里。

③其他同学应尽量排斥，直到闯关者成功。

④一段时间之后，换其他的同学进行尝试。

3. 老师组织同学们进行相关讨论：

①当无法突围或闯关不成功时，内心如何想？

②学习和生活中有类似突围或闯关的经历吗？

③你有什么新的发现或感悟？

注意事项

突围或闯关时，动作不能过激，以免伤到其他同学。

教育意义

无论是突围行动还是闯关行动，都是个人面对集体的行动，个人显然处于劣势，这时候，就让同学们认识到自我的渺小，同时激发他们不怕困难向前冲的精神。当然，只是靠蛮力，无法成功突围和闯关，还需要一点点智慧与策略，这不仅是游戏的诀窍，更是人生的诀窍。

编号10

生日活动怎样过

目的

让同学们学会如何对待自己的生日，正确地过生日。

准备工作

发放问卷调查，了解学生关于生日的认识。

具体内容

1. 老师请全班学生写一篇"你认为怎样过生日"的作文，在学生作文基础上，由老师有意识、有目的地进行归纳总结，列出若干种可能的形式，印好"生日活动形式参考表"。

2. 活动开始，将表格发给每位学生，请学生按照最喜欢的原则，由主

到次地在每种形式前标上序号"1、2、3……",并写出理由。

3. 全班交流意见。可先在小组内交流,然后每组请一名代表,汇总本组意见,在班上交流。交流内容可着重在过生日的形式以及理由。

4. 老师作活动小结。让学生明白,生日活动方式的选择,要根据自己家庭情况、个人爱好等因素来考虑,要实事求是,量力而行,生日活动并不是看花钱多少,而更着重于活动形式的创新、创意,达到共同分享快乐的目的。

注意事项

1. 学生所填内容需真实,老师要强调这一点。

2. 老师可带学生实践。

教育意义

通过这次活动让学生知道生日活动是如何传递同学之间友谊、分享快乐、沟通信息的。让学生根据家庭经济情况、个人消费计划,合情合理地参与这种娱乐活动,学会合理安排与选择。

编号 11

我是谁

目的

认识并接纳自我,认识并接纳独特的他人。

准备工作

1. 需要室内场地。

2. 每位同学 1 张白纸和 1 支笔。

具体内容

1. 全班分成若干个小组,每组大概 5~6 人。

2. 老师可以先找出一个同学进行活动示范,连续让他回答"我是谁"。当他说出一些众所周知的特征如"我是男人"时,老师告诉大家,这种回

答不反映个人特征，应尽量选择一些能反映个人风格的语句。

3. 请大家开始边思考边回答"我是谁"这个问题，在 10 分钟之内至少写出 20 个。

4. 当老师看到最后一位同学放下笔时，同学们开始在小组内进行讨论，要求每个人都抱着理解他人的心情去认识团体内一个个独特的人。

5. 请每个小组代表发言，交流活动的感受。

①看一下自己所写的句子，发现有什么特点吗？

②在这些句子中，是正面的多还是负面的多？是表现各种关系较多还是写你个人内心感受较多？

③你对自己有什么新的发现？

注意事项

也可让同学们在 3 分钟之内写出"我是谁"，然后再分析所写的数量和内容方面的特征。

教育意义

挖掘自己身上越多的特点，就能越了解自己。每个人在这个社会上都是拥有独特个性的人，这些个性是我们不同于别人的写照。老师要告诉同学们：正确认识自我并合理欣赏自我是非常重要的，是我们存在的意义之一。

编号 12

谁是我的"重要他人"

目的

让同学们了解在日常交往中孰轻孰重的关系，更好地与身边的人相处。

准备工作

1. 需要室内场地。

2. 每位同学 1 张白纸和 1 支笔。

二 素质培养篇

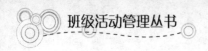
具体内容

1. 全班分成若干个小组，每个小组 6~8 人左右。

2. 老师发给同学纸和笔。

3. 老师向所有同学说明"重要他人"是一个心理学名词，意思是在一个人心理和人格形成的过程中，起过巨大影响甚至是决定性作用的人物。

4. 然后，老师说："请你在纸上写下"×××的重要他人"，这个×××就是该名同学自己的名字。再在纸上另起一行，依次写下"重要他人"的名字和他们入选的原因。

5. 请各位同学在小组内进行分享与讨论。

6. 每个小组派出代表，宣布讨论结果，说明重要他人所具备的几项条件。

7. 老师做活动总结。

注意事项

1. 老师是活动节奏的掌控者，应给同学们足够时间讨论，同时避免冷场。活动后的总结至关重要，需要对活动进行画龙点睛，引出活动目的。

2. 防止学生们讨论时跑题。

教育意义

"重要他人"对我们某些性格和反应模式打上了深深的烙印，这个游戏帮助学生重新审视我们的规则和模式，并作出相应的反应。

编号 13

合理使用零花钱

目的

让学生懂得怎样合理消费，初步让同学们选择正确的消费价值观。

具体内容

1. 教师根据目前学生实际消费情况，有目的地选取几种有较大差异并

班级活动游戏宝典

带有普遍性的事例。如用零花钱买零食、用零花钱买名牌穿、用零花钱上网玩、用零花钱来做一件想做的事等。教师开始发给学生，让学生在赞同的消费行为后打"√"。

2. 将全班分成 5 ~ 10 组进行讨论。对不同种消费行为与消费价值观进行分析，自由发表意见。

3. 小组讨论结束后，在班上交流。各组由组长集中小组意见。让学生在比较中评判自己的观点，在聆听中思考辨析，向自己发问"为什么我是这样认为的""为什么要购买""购买什么"等。

4. 活动结束时，教师将几个最有代表性的观点写在黑板上，请全班同学将这几种意见排序（自己最为赞成的排在最前面）并写上自己的理由。

5. 老师对本次活动作小结。正确指出学生对消费行为的选择不在于结果，而是为了帮助他们形成正确、全面的价值取向。

教育意义

一些学生花钱大手大脚，毫无节制，这源于他们对金钱没有正确认识。培养学生正确的金钱观，是老师们必须要传授的一课，不妨采取这种活泼的方式，给学生们主动权，自觉反省往日的各种关于钱的行为，这也有助于在今后的生活中自觉改正坏毛病。

二　素质培养篇

交往技巧

编号1

画　圆

目的

考验同学们的沟通能力。

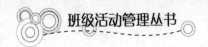
准备工作

1. 老师先预备数张画了圆形的纸。最好有多张。

2. 轻柔的背景音乐。

具体内容

1. 老师说明比赛规则。

2. 班里每两名同学成为一个小组。

3. 开始前，每一组背对背而坐。

4. 在指定时间内，一人负责讲圆形，另一人则负责画圆。画圆的人，只可以听不可以问，也不能让讲的人看到。

5. 时间到，就看谁画得快而准。

6. 也可对换角色。

7. 老师在游戏结束后，向同学们讲解沟通的艺术和重要性。

注意事项

1. 违反规则的同学，取消比赛资格。

2. 随着学生年纪的增加，图形的难度可以适当增加。

教育意义

有效的沟通可以事半功倍，而不畅的沟通则会事倍功半。这游戏可看到每位同学身上都存在不同的沟通问题。意识到这些问题，并在今后的生活中努力改正是游戏的目的。

编号2

你是我的甜心

目的

欣赏其他同学身上的优点，并且大声表扬出来，体验表扬和被表扬的感觉。

准备工作

1. 糖果（每位同学 10 粒）。

2. 轻柔的背景音乐。

具体内容

1. 老师发给每位同学 10 粒糖。

2. 向大家说明游戏规则。

3. 同学们开始送糖果大行动，放上背景音乐，每送出自己的一粒糖，便要说出自己欣赏对方的一个优点或一项特质。例如："晓晨，我最欣赏你的是你的乐观开朗，不论遇到什么事你都能微笑面对。这是我送你的糖果。""丁丁，我最欣赏你的是你跑步速度特别快，每次运动会的 1000 米比赛你都跑第一，这是我送你的糖果。"

4. 同学们把糖果都送完后，可以一边吃糖一边分享表扬与被表扬的感觉。

注意事项

1. 同学们送糖果不能只局限于自己平时交往不错的朋友。

2. 糖果可以用其他物品替换，例如花朵、千纸鹤、笑脸胸章等。切忌太贵重，以有纪念意义为主。

教育意义

学会欣赏别人是真诚交往的技巧。有些同学高傲自大，目中无人，他的朋友往往也很少。不如从这个游戏开始，送出自己手中的糖果，看到别人身上的闪光点，建立一段真挚的友情。

二 素质培养篇

编号 3

瞎子领瞎子

目的

让同学们学会合作和沟通。

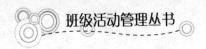
准备工作

1. 眼罩或手巾多个。

2. 设定出发点和目的地。

具体内容

1. 通过抽签的方式，每两位同学成为一个小组。

2. 一人蒙眼，另一人做向导，手拖手向前行。双方不许交谈。

3. 除去眼罩或偷看者要受罚。

4. 带领者宣布，到达目的地后，老师宣布重新安排向导，带他返回原处。

5. 各队向导领蒙眼者到目的地后，组长宣布重新安排向导，却把蒙眼者配成一对。

6. 一对对蒙眼者寻求出路，共同克服困难，最后到达目的地。

7. 老师进行总结。带领大家思考"瞎子领瞎子"的危机，并鼓励大家。

注意事项

1. 活动中注意安全。

2. 此游戏适合高年级学生。

教育意义

在这个游戏中，两个看不到的人同处在黑暗中，境遇相同，这时就需要互相扶持，充分信任对方，才能成功走到终点，这都是交往中需要的技巧。

编号4

心灵捕手

目的

体会与人亲近的经验，训练简洁地表达自己的感受。

准备工作

无

具体内容

1. 每人寻找一位比较陌生的同学，互相交谈约 5 分钟。

2. 将全班分成若干个小组，每个小组 6 人左右，讨论以下问题：

①你与不熟悉的人接触时有何感受？

②听到其他同学用温柔的声调呼唤自己的名字时，有何感受？

③与家人发生争执而勉强从命时，你有何感受？

④与老师发生争执而勉强从命时，你有何感受？

⑤有人与你谈论信仰，你坚持"自己的意见"，事后你有何感受？

……

3. 每个小组派出代表分享讨论结果。

4. 老师进行总结。

注意事项

1. 小组内每个人都要进行讨论。

2. 如果是奇数人数的班级，老师可以参与进去补充人数。

教育意义

在人与人交往中，往往会遇到各种各样的问题，只靠学生个人的力量有时找不到解决之法，进行相关讨论之后，可能会豁然开朗。所以老师一定要在活动之前告诉每位学生，不能轻易放弃这个交流的机会。

编号 5

人际关系中的我

目的

促进班内的同学全面地认识自我，也让学生自己清醒地认识自我。

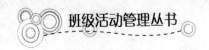
准备工作

"人际关系中的我"表格若干张。

具体内容

1. 将全班同学分组，每个小组 6～8 人。

2. 每名同学发 1 张"人际关系中的我"表格。

3. 请每名同学作思考后自行填写。

4. 填完后在班级内部中交流。

①你对哪一个人的看法最重视，为什么?

②最难填写的是哪部分?

③为什么有的部分填不出来?

④你填写的内容是正面的多还是负面的多?

注意事项

1. 活动由老师做引导。

2. 可根据活动对象的年龄与职业等特点，把表中的内容改为"老师眼中的我"、"同学眼中的我"、"领导眼中的我"等。

教育意义

每位同学都有自己的人际关系网，在自己的周围有父母、老师、朋友、同学、邻居等各种关系。但是可能没有清晰地梳理过这个网络，这个游戏就是让同学们了解网络中的自己和他人。

编号6

自制贺卡和贴画

目的

通过互赠贺卡增进友情，同时，提高活动兴趣，增强动手能力，培养良好的生活情趣。

准备工作

1. 剪刀、糨糊、彩纸、碎布、毛线、鲜花等。

2. 老师可先准备一些事先做好的贺卡和贴画。

具体内容

1. 制作贺卡：

①选择自己喜欢的图案，剪成纸样，再粘在硬纸上。

②写上贺词。

2. 制布贴画：

①收集各种花色、质地的布角料。

②在厚纸上轻轻勾画出想要粘贴的画面。

③依画面选料，剪裁，然后在布的背面刷上糨糊（注意：布边的糨糊要涂均匀，以防翘起来）。例如，要粘贴一幅风景画，可选绿色碎花布做树冠，选褐色或黑色布做树干，棕色布做土地，蓝色条纹布做大海，等等。

3. 毛线贴画制作：

①收集一些各色毛线的线头。

②在纸板上画出喜欢的图案（最好画身上带毛的动物）。

③把毛线剪成一小段一小段，并用手搓成一团团的细绒。

④按照图案上所需要的颜色选择毛线，然后把它们一条一条、一团一团地用胶水粘在图案上，使其富有蓬松的厚度感。

4. 贺卡或贴画完成后，写上自己的祝福，向自己的同学和朋友赠送。

注意事项

1. 此活动可以用在新年、圣诞节、儿童节等各种节日上。

2. 老师须提醒学生赠送贺卡不应局限于自己的小圈子，可以送给平时很少来往的同学。

教育意义

亲手制作的贺卡和贴画代表自己的辛勤努力，而亲手送出这些贺卡和贴画则代表自己的深深祝福。有的时候，真挚的感情也需要有形的物体来

二　素质培养篇

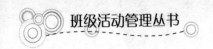
表达，但是礼物不能过重，充满心意即好。

编号7

怎样与父母交流

目的

学会与父母交流，表达自己对父母的爱，与父母建立良好的关系。

准备工作

1. 老师可先通过多种方式了解班上同学与父母交流的情况，例如调查问卷、向学生家长咨询等。

具体内容

1. 老师说说自己与父母、孩子交流的情况。

2. 学生说说自己与父母交流的情况。

3. 老师讲解一些与父母交流的方式：

①多向父母表达自己的爱。比如主动承担家务，父母生日、节日等送点小礼物，遇特别情况写一封信表达感激，适时为父母倒杯茶、削个水果。

②和父母有分歧时学会换位思考，站在父母的角度上去想一想。时时紧记，父母只会爱孩子，决不会害孩子。

③回家和外出主动给父母打招呼。

④应让父母感觉你相信他们，多倾听父母的话，多交流并经常给予父母赞美。多向父母说说自己的情况，自己的愿望。遇上烦恼，告诉父母，寻求父母的帮助。

注意事项

1. 有些与家长沟通不畅的问题出自家长，老师同样也要做家长的工作。

2. 这个沟通的过程需要循序渐进，并且逐渐成为学生的习惯。

班级活动游戏宝典

教育意义

作为孩子需要包涵、接纳自己的父母，并尽量和父母多进行交流。但是有些学生不了解怎么和父母交流，这也是需要学习的一项技能。有些学生与父母的紧张关系并非不能改变。父母是最关心学生的人，也在想办法走近我们。同学们就该主动走近父母。要能理解、孝敬、尊重父母，这样就可以和父母建立良好的关系了。

编号8

笑容可掬

目的

学会微笑面对他人，并用快乐感染别人。

准备工作

1. 适合的活动场地。

2. 轻松欢快的背景音乐。

具体内容

1. 让全体同学站成两排，两两相对。

2. 各排派出一名代表，立于队伍的两端。

3. 相互鞠躬，身体要弯腰成90度，高喊"×××你好"。

4. 向前走，交会于队伍中央，再相互鞠躬高喊一次。

5. 鞠躬者与其余成员均不可笑，笑出声者即被对方俘虏，需排至对方队伍最后。

6. 依次交换代表人选。

注意事项

老师、家长同样可以参与到游戏中。

教育意义

当别人对你微笑时，你就会接受他友好的信号，放下戒备，同样以微

一　素质培养篇

笑面对他。有时候，我们不能在判断完别人对自己是否友好后，再伸出自己的橄榄枝，这样往往会失去很多朋友，我们要学会对别人微笑，主动收获友情。

编号9

"帮" 还是 "不帮"

目的

教会同学们合理对待自己的利益，学会正确处理个人与集体的利益。

准备工作

1. 拼图若干。

2. 箱子1个。

具体内容

1. 将学生分成两组，以接力赛的形式完成拼图。

2. 每个小组有一个箱子，里面放着小组成员的拼图图块。每位同学都要完成一幅由5块图块组成的拼图，他们分别有8次机会抽取箱中的拼图。若他们在8次机会中没能完成自己的拼图，那么，他们可以请求组内的任何一个同学给机会让他完成任务。

3. 如果某位同学答应别人的请求，代表着自己的8次机会会减少。

4. 在规定时间内把所有拼图完成的小组为胜。

5. 这个游戏可以玩两次。在第一次游戏结束时，老师可以与全班同学探讨把机会给予别人的好处。

注意事项

每位参加者不能采取不正当的手段要求别人给予自己机会。必须是其他参加者自愿把自己的机会给予请求人。

教育意义

这个游戏在第一次玩的时候，大家都害怕把自己的机会给予别人后，自已的利益会受损。但其实利用机会帮助别人把图块抽出，自己后面抽中图块的机会反而会增加。所以，在实际生活中，不要只看眼前利益，支持朋友既可帮助别人，也能令自己受益和快乐。

道德培养

编号1

最佳人缘奖

目的

让同学们学会欣赏别人身上的优点，学会感恩，懂得与人为善的道理。

准备工作

1. 白纸若干张。

2. 礼物若干份。

具体内容

1. 老师发给每位同学5张纸，如有需要可多取。

2. 老师在黑板上写下以下的句子：

多谢（　　　），当我（　　　）时，你（　　　），使我感到（　　　）。

3. 老师请同学在纸上写下这个句子，并把内容填充完整，可以举例说明。

例如：多谢（小童），当我（考试不及格）时，你（帮我补习功课），使我感到（关心与鼓励）。

一　素质培养篇

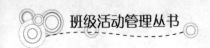
多谢（静静），当我（骨折）时，你（每天送我回家），让我感到（爱与温暖）。

4. 老师鼓励同学们多想多写，10 分钟后，将写好的纸收上来。

5. 按照名字，被感谢的人接受这些"感谢卡"。

6. 得纸最多的人，表示他被最多人欣赏，可送一份礼物以示鼓励。

7. 老师组织同学们进行讨论，分享助人与被助的温暖瞬间。

注意事项

1. 有些同学得到的感谢卡多，有些同学得到的少，不应因此嫉恨对方。

2. 此游戏可以定期进行。

教育意义

感恩是一个基本的做人的美德，每一名学生都应该学会对身边的人感恩，在他人对你有所帮助时，要牢记此事，并且今后有机会也积极地回报他人与社会。

编号 2

为烈士扫墓

目的

让同学们了解革命先烈的光辉事迹，学习先烈的革命精神。同时向先烈学习，立志为祖国贡献自己的一切。

准备工作

1. 收集本地先烈的史料，阅读有关先烈事迹的书刊。

2. 确定若干同学作烈士事迹报告和讲演。

3. 计划到附近的烈士陵园参观，并请老英雄讲战斗故事。

具体内容

1. 老师组织学生参观烈士陵园。

2. 请老英雄作先烈事迹报告。

3. 同学们向革命先烈敬献花圈。

4. 学生代表发言。

5. 老师总结这次活动。

注意事项

1. 参观烈士陵园时，态度应庄严肃穆，严禁嬉笑打闹。

2. 老师可鼓励同学们写活动感受，以自愿为原则。

教育意义

缅怀革命先烈是一位学生都应该上的有教育意义的一课。通过为烈士扫墓，同学们寄托了深深的思念之情，真诚的尊敬之情，崇高的爱国之情，并将自己的这些感情积极转化为为国奋斗、为国争光的动力。

编号3

参观博物馆

目的

丰富知识、开阔视野，通过参观博物馆培养同学们的爱国之情。

准备工作

1. 与博物馆进行联系，定好参观时间，要求有讲解员作具体讲解。

2. 安排好必要的交通工具及生活准备。

具体内容

1. 老师向同学们说明本次活动的内容、目的。

2. 在老师的带领下，同学们按照展览参观指示标志有秩序地进行参观。

3. 回到学校后，每个同学写一篇心得体会并在班内交流。

4. 同学们在业余时间阅读有关书刊，搜集我国文物图片，有条件的可

二、素质培养篇

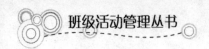

以举办小型文物图片展览。

5. 老师组织同学们进行"怎样珍惜、保护我国文物"的讨论。

注意事项

1. 遵守纪律，集体统一行动，不准擅自离开队伍。

2. 遵守博物馆参观规定。

3. 认真观看，听讲解员介绍，做好笔记。

教育意义

让同学们了解人类发展的历史及一般规律，了解我国悠久的历史和劳动人民创造的灿烂文化，培养民族自豪感和自信心，珍惜和爱护我国文物。

编号4

向老师献上一片情

目的

培养学生热爱老师、尊敬老师的感情，增进师生之间的感情。发展学生的想象力、创造力，培养动脑动手能力。

准备工作

1. 班干部向队员提出明确要求，让学生从自身实际出发，或学一样本领，或制作一件有意义的小礼物，或作一次社会调查、写一篇调查报告，或做一件好事，或改正一个缺点。

2. 利用课外时间准备文艺节目。

3. 活动当天，布置好教室，黑板上书写"热烈庆祝教师节"、"祝老师节日愉快"等字样。

具体内容

1. 班干部提前邀请本班任课老师参加献礼仪式，同学们热烈鼓掌欢迎

各位老师在主席台就座。

2. 主持人宣布："××班全体同学向教师节献礼开始。"

3. 请班长代表全班同学向各位老师致祝贺词（贺词可在班主任指导下事先拟好）。

4. 同学们个人献礼。播放歌颂园丁的歌曲，在歌声中同学们按预先排好的次序逐个上台献礼。献礼时，既要活跃，又要文明礼貌。然后，向老师说几句节日祝词或朗诵几句赞颂老师的诗词，以表达自己对老师的敬爱和感激之情。

5. 请老师发言。

6. 师生联欢。班级表演节目，请老师即兴表演。

7. 集体歌唱赞颂老师的歌曲，宣布活动结束，欢送老师退场。

注意事项

1. 准备活动可以对老师保密，以达到给老师惊喜的效果。

2. 协调活动与学习的时间。

3. 对老师的感谢应是发自内心的。

教育意义

学生在尊敬老师的同时，需要真心体会老师对自己的帮助，发自内心地感谢老师，这个活动很好地促进了师生情谊，也深深地教育了学生：师恩难忘！

编号 5

人民币上的学问

目的

让学生了解人民币的有关知识，对学生进行爱国主义和革命传统教育。

准备工作

1. 尽可能准备各种版本的各种面值人民币 1 套。

一、素质培养篇

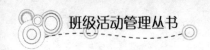

2. 老师熟记并组织同学们去了解人民币知识。

具体内容

1. 让学生轮流观看人民币上的风景画和人物头像。

2. 老师向大家介绍有关人民币知识，如（以 1980 年的版本为例）：

1980 年我国发行的新版人民币上印有很多精美的风景画，这是我国第一次把风景名胜作为钞票图案。面值 100 元人民币背面，印着革命根据地井冈山主峰；50 元人民币背面印着汹涌的黄河壶口瀑布，十分壮观；10 元人民币背面印着地球之巅的珠穆朗玛峰；5 元人民币背面印着长江三峡之一的巫峡；2 元人民币背面印的是海南名胜天涯海角的著名风景点——南天一柱；1 元人民币背面印着雄伟的万里长城。

3. 请同学们发言，谈谈自己对人民币的了解与认识。

4. 老师讲解保护人民币的法律，传授如何辨别假币等知识。

注意事项

1. 老师也可发动同学去找以前的各套人民币。如果实在找不到，可以用图片代替。

2. 在轮流观看人民币的过程中，应叮嘱同学们小心谨慎。

教育意义

现在，屡有不爱惜人民币、损毁人民币的行为发生，学生心智尚未成熟，爱好模仿，看到这些不良行为难免去学习。所以，老师要建立学生对人民币正确的认识，普及人民币及其保护法的知识，杜绝今后不良行为甚至违法行为的产生。

编号 6

了解中国的造纸术和印刷术

目的

了解中国古代的科技成就，激发学生的民族自豪感，培养学生节约纸张的意识。

准备工作

1. 让学生收集有关古代造纸和印刷术的资料。

2. 有条件的地方带领学生参观造纸厂和印刷厂。

具体内容

活动一：认识造纸术

1. 让学生谈谈对纸的了解。

2. 介绍纸的演变过程，重点介绍蔡伦发明造纸术的经过。

3. 介绍现代的造纸技术，介绍驰名中外的宣纸。

4. 让学生讨论纸的种类和基本用途。

5. 讨论废纸对环境的危害和废纸回收利用技术。

6. 用废纸制作粘贴画和手工制品。

活动二：认识印刷术

1. 让学生用复写纸复制图画。

2. 用铅笔拓描硬币。

3. 向学生示范橡皮刻字制印。

4. 介绍印刷术发明经过，让学生了解中国是世界上最早发明活字印刷术的国家。

5. 介绍目前最先进的电脑印刷技术。

注意事项

参观造纸厂印刷厂时，要严守规则。

教育意义

造纸术和印刷术是中国的四项古代伟大发明之一，对中国乃至世界都有极其深刻的影响，身为中国人，更应对此产生民族自豪感。并且学生们要从中知道技术的可贵，立志为今后的中国而努力。

二　素质培养篇

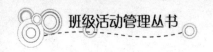

编号 7

虚拟旅游

目的

让同学们能更深地了解我国的名胜古迹，培养爱国情怀。

准备工作

1. 让同学们尽可能多地掌握我国的风景名胜知识。

2. 选出飞机机长 1 名，旅游团团长 1 名。

3. 老师讲解游戏规则。

4. 制定惩罚细则。

具体内容

1. 将全班同学平均划分到全国各个省市。

2. 老师首先说："我们今天进行一个虚拟旅游，可以让同学们更深地了解我国的名胜古迹，我们请来了机长和旅游团团长，他们将会带我们乘坐灵巧型飞机去参观、访问，大家欢迎！"

3. 机长说："我是 I 型飞机的机长，叫××。"团长说："我是旅游团团长××，喜欢去旅游的同学请上飞机。"机长和团长一起说："飞机开始起飞了！"（闭眼抬手）

4. 机长和旅游团团长说飞到哪里，哪里的同学就要介绍自己省的名胜古迹。

例如，机长说："我们飞到北京了！"

旅游团长："游客们下飞机了！"

同学说："北京有天安门广场，这是中国最大的广场。为了迎接国庆的大型阅兵活动，已进行了重建。你们看，广场中间是人民英雄纪念碑，东面是中国革命博物馆和历史博物馆，南面是毛主席纪念堂，西面是人民大会堂，北面是天安门城楼。从天安门进去，就是故宫。"

机长说："飞机飞到浙江了!"

旅游团长："游客们下飞机了!"

同学说："浙江的苏州有苏州园林。所谓'江南园林甲天下，苏州园林甲江南'。苏州园林中，历史最为悠久的属沧浪亭。全园布局自然和谐，堪称构思巧妙、手法得宜的佳作。狮子林、拙政园、留园为苏州宋、元、明、清四大园林。至今已有 600 多年历史的狮子林，更以溯山奇石而盛名于世，有'假山王国'之美誉。苏州园林是中华民族文化艺术宝库中的一颗灿烂的明珠，它是我国最为珍贵的历史文化遗产之一，也是世界人民共有的财富。"

5. 当机长和旅游团长飞完一个地方，就带上那名介绍景点的同学，成为新游客。

6. 遇到有同学说不上景点时，就要接受惩罚。

注意事项

1. 成为游客的同学要跟随机长和旅游团团长，不能再发言。

2. 游戏进行了几轮之后，可以换角色继续游戏。

教育意义

我国是一个名胜古迹非常多的国家，这些著名的景点都是国家的宝贵财富，也是同学们值得骄傲的地方。在建立对这些名胜古迹的爱护与骄傲之情前，老师先应该让同学们了解这些景点，对它们如数家珍。

编号 8

五星红旗，你是我的骄傲

目的

帮助学生进一步认识国旗，了解《国旗法》的有关知识。

准备工作

1. 学生们观察、收集每周升旗时的师生表现，收集与国旗有关的

二 素质培养篇

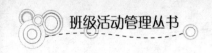

图片。

2. 以小组为单位，对学生了解国旗、《国旗法》的程度进行调查。

3. 老师制作相关课件。

4. 准备国旗 1 面。

具体内容

1. 老师带领同学们欣赏国旗：

①欣赏歌曲《红旗飘飘》。

②老师向同学们提问，歌曲中的"你"指谁？根据学生回答，将答案写在黑板上：五星红旗。

③与同学们进行讨论：这首歌你认为表达的主要感情是什么？

2. 进一步了解国旗：

①五星红旗是我们的国旗。它是中国的象征，是我们每一个中华儿女的骄傲！关于国旗的知识，你知道多少？（学生分组介绍国旗的诞生、含义、人物、制法、礼仪和与之有关的故事）

②欣赏歌曲《绣红旗》

3. 了解国旗的历史，激发同学们的爱国之情：

①老师出示"开国大典升旗"图片。多少仁人志士抛头颅、洒热血，终于迎来了这一天！当毛主席在天安门广场亲手升起第一面五星红旗时，标志着中华人民共和国诞生了，中国人民从此站起来了！

②出示"香港回归升旗"图片。1997 年 7 月 1 日，被帝国主义霸占了 100 年的香港，终于回到祖国母亲的怀抱。当庄严的五星红旗升起在香港时，人们不禁热泪盈眶，为祖国的日益强大而备感骄傲和自豪。

③出示"杨利伟太空展示国旗"图片。2003 年 10 月，神舟五号载人飞船登上太空！宇航员杨利伟叔叔在太空向世人展示鲜艳的五星红旗。

④启发同学们思考并发言：平时生活中，你还见过哪些与国旗有关的、令你自豪的场景？如：奥运赛场第一次升起五星红旗，南极第一次升起五星红旗，边关小岛升旗；王军霞身披国旗奔跑，刘翔身披国旗领奖等。

4. 了解《国旗法》：

①老师先请同学们发言，阐述自己对《国旗法》的了解。

②列举种种违反《国旗法》的行为，请同学们讨论。

③给每位同学发放一份《国旗法》知识手册。

5. 老师做活动总结。

6. 全班同学一起看着国旗，唱国歌，活动结束。

教育意义

这个活动培养了学生尊重国旗、爱护国旗的良好习惯，培养学生热爱祖国、报效祖国的爱国情操，教育学生做遵纪守法的好公民。

编号 9

父母的爱知多少

目的

让同学们了解父母平日的辛苦，激发同学们对父母更深层的爱与感激。

准备工作

调查问卷若干份。

具体内容

1. 老师发放调查问卷，请同学们填写。

调查问卷

（1）爸爸每天早上（　　）点上班？晚上（　　）点下班？

（2）工作时间是（　　）小时。

（3）下班回家后，还要为我做些什么？

A. 做饭 B. 辅导功课 C. 和我谈天 D. 接送我上下学 E. 其他（具体写出来）

（4）妈妈每天（　　）点上班？晚上（　　）点下班？

（5）工作时间是（　　）小时？

（6）下班回家后，还要做些什么？

A. 做饭　B. 辅导功课　C. 洗衣服　D. 收拾屋子　E. 接送我上下学

（7）爸爸妈妈每月为我花费多少元钱？

A. 400　B. 500　C. 600　D. 700　E. 800　F. 1000　G. 其他（具体写出来）

（8）爸爸妈妈对我的希望是什么？

（以上先回家完成）

2. 发一纸条，不需写名字，请真实填写：

（1）学生与自己父母的关系

A. 亲密　B. 比较紧张　C. 疏远　D. 一般

（2）你知道妈妈的生日是哪天吗？

A. 知道　B. 不知道

（3）你知道爸爸的生日是哪天吗？

A. 知道　B. 不知道

3. 老师再发放一份同样的空白调查问卷，请同学们带回去由父母填写。

4. 第二天，老师将两份问卷一起收上来。

5. 班会课上，老师公布统计结果，并且重新将问卷发回到同学们手上，请同学们自行比较。

6. 老师和同学们进行热烈的讨论。

①你认为自己了解父母吗？

②你爱自己的父母吗？请举出例子。

③父母爱自己吗？请举出例子。

④以后该如何对待父母？

注意事项

1. 调查问卷应如实填写，不可以有回家问父母这种作弊行为。

2. 调查问卷可以由老师自己设计，内容可更加丰富。

教育意义

有一句话是这样说的：不养儿不知父母恩。但是，不能真的到了自己

做父母，才去感念父母之情，那就有些晚了。在学生时代，老师就要对学生进行相关教育，先用客观事实说明父母的爱，这是一个很好的切入点。

编号 10

给自己的父母写一封信

目的

让学生了解父母之爱，感受父母之情，体验爱的圣洁、无私和伟大。让学生学会理解父母，关心父母，孝敬父母，以实际的行动报答父母。

准备工作

1. 发给每位同学一些信纸、信封。

2. 对于低年级的同学，老师应先教会他们如何写信。

具体内容

1. 利用班会课的时间，老师让大家为自己的父母写一封信。

2. 写好后，放进信封，写好地址，粘贴邮票。

3. 由老师为大家在放学后寄出信件。

4. 家长收信后阅读。

5. 可在下一节班会的时候，请学生家长参加。

6. 学生与家长分别分享写信与读信的感受，学生表达对父母的爱。

7. 老师做活动总结。

注意事项

1. 对于因工作而不能参加家长会的父母，可以用写信的方式表达自己看法。

2. 学生写的信务必感情真挚，不能弄虚作假。

教育意义

父母之情是世界上最伟大的感情，同学们爱自己的父母，感激父母的

二 素质培养篇

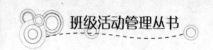
养育，平时却很少对父母表达自己的感情，也许是由于机会的问题，也许是由于性格的问题，但是无论哪种问题，都要让父母知道自己深厚的爱。老师要多引导学生，写信就是一个非常不错的表达方式，消除了面对面交流的紧张不安感。

编号 11

算一算浪费的危害

目的

通过活动使学生懂得勤俭节约的重要性，懂得勤俭节约要从平时的一点一滴做起，使学生从小养成节约的好习惯。

准备工作

1. 一些计算浪费的题目。

2. 请同学们搜集节约的高招。

具体内容

1. 老师首先说："我们大家来用笔算一下。"

（1）全国 13 亿人口，每人每天浪费 1 张纸，一年 365 天浪费多少钱？（答案：1300 万元）

（2）三年级中队 41 人。每人每天浪费 1 张纸，一年 365 天浪费多少张纸？（答案：15330 张）

（3）全国 13 亿人口，每天浪费 1 粒米，一年浪费多少粒米？（答案：1000 万千克）

2. 同学们可以继续联想其他浪费的危害。

3. 同学们分别讲述自己搜集到的节约方法，老师一一把它们写在黑板上。

接的雨水可以用来浇花。

包的书皮可以多次使用。

班级活动游戏宝典

用鱼缸里换出来的水浇花更有营养。

用淘米水刷洗碗筷更干净。

喝剩的茶可以擦洗门窗和家具。

灯泡换成节能灯，用电可以省七八成。

马桶水箱里放块砖，省水，合算。

不用电器时，切断电源能节电10%。

4. 同学们再算一算，利用这些节约高招，每年可以为国家省下多少资源和能源。

5. 老师和同学们进行讨论。

6. 老师做活动总结。

注意事项

1. 调动每一位同学发言。

2. 倡导同学们以后运用这些节约高招，评选出节约小能手。

教育意义

每位同学应该从小养成节约的好习惯，但是，老师单纯的说教有时不能让学生养成这些方面的习惯，这是由于学生们并没有意识到浪费的危害性有多大，必须用客观的大量的事实触动大家的心，这样才方便开展其他活动。

编号12

勇于承担责任

目的

让同学们学会承担责任，勇于承认自己的错误并改正。

准备工作

选择空旷的场地，例如操场、空教室等。

二　素质培养篇

具体内容

1. 让学生相隔一臂站成几排（视人数而定），老师站在队列前面，面向大家，老师喊"1"时，大家向右转；喊"2"时，向左转；喊"3"时，向后转；喊"4"时，向前跨一步；喊"5"时，原地不动。

2. 当有人做错时，就要走出队列，站到大家面前先鞠一躬，举起右手高声说："对不起，我错了!"

3. 老师喊数时节奏可以由慢到快，越做越快时，出错的人也会增多。

4. 如果有人做错了，想蒙混过关，老师要提醒："刚才有人错了，请承认。"直到做错了的人认错为止。

5. 做了几个回合后，老师可以组织大家讨论：这个游戏说明什么问题？

教育意义

在日常工作中也有很多这样的现象，当错误发生时，大多数人都试图为自己开脱责任，蒙混过关，因为很难克服心理障碍；极少数情况有人站出来承认自己错了。这个游戏就是让学生勇于承担责任。

编号 13

雷锋学习日活动

目的

向雷锋同志学习，学会帮助别人，并且养成这个良好的习惯。

准备工作

1. 向图书馆借来关于雷锋的书籍。

2. 发给每位同学 1 张纸，记录自己一天帮助他人的行为。

具体内容

1. 大家熟读雷锋书籍，了解雷锋事迹。

2. 班会课上，大家共同讨论：

①雷锋同志都有哪些助人的行为？

②我们平时都可以为他人作什么？

③谁是班里的"小雷锋"？可以向他学习些什么？

3. 老师组织大家进行学雷锋一日系列活动，并做记录。

4. 同学们分享帮助别人与被帮助的感觉。

注意事项

1. 接受帮助的同学要向帮助自己的人说声"谢谢。"

2. 学雷锋的行动应该一直倡导下去，而不应该只局限于一天。

教育意义

毛主席曾在 1963 年 3 月 5 日亲笔为雷锋题词"向雷锋同志学习"，并把 3 月 5 日定为学雷锋纪念日；一部可歌可泣的《雷锋日记》令读者无不为之动容。"雷锋精神"激励着一代又一代人学习。新时代的学生依然不能忘记向雷锋学习这个传统。

体能训练

二 素质培养篇

编号 1

人骑车和车骑人往返接力

目的

发展速度、力量、耐力等身体素质，培养吃苦耐劳的意志品质。

准备工作

1. 选择 100 米长跑道 4 条。

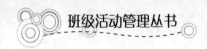

2. 备统一型号男自行车 4 辆，备跑表。

3. 将游戏者每 4 人编为 1 队，4 个队同时比赛。每队 4 人编为 1 ~ 4 号，按跑道，纵队站在起点线后准备。

4. 设裁判员 1 名，计时员 4 名。

具体内容

1. 裁判员发出"预备"口令后，各队的 1 号游戏者双手推自行车（前轮至起点线后）准备。

2. 当裁判员发出"开始"口令时（计时开始），游戏者迅速骑车冲向 100 米端线，当到达 100 米端线时迅速下车并调头将车扛在肩上（车骑人）跑回，将车放在起点线后。此时 2 号游戏者骑车前进。当最后游戏者肩扛车跑过终点线时，计时停止。按计时成绩，排列各队的名次。

3. 比赛规则：

①自行车的型号要统一，重量一样。

②人骑车时车的后轮过端线后才能下车。车骑人时人的身体跑过起点线后才能放车，违者取消全队比赛资格。

③骑车或跑时串道影响他人比赛，取消比赛资格。

注意事项

1. 人骑车时要控制好方向和车速，避免撞上他人或车。

2. 车骑人时要使车纵向跑进，避免横车撞上他人或车。

教育意义

比赛的前半段——人骑车考验的是同学们的速度，后半段——车骑人考验的是同学们的力量。而整个比赛要完成又考验了同学们的耐力。骑自行车是一个非常好的锻炼身体、发展身体素质的方法，但是单纯的骑自行车难免又缺乏趣味性，将这个锻炼过程以比赛的形式进行，增加了同学们参与的积极性。

编号 2

套脚障碍走

目的

增加同学们身体的协调性，体验比赛乐趣。

准备工作

1. 在空地上标出 2 条 20 米长、2 米宽的跑道，一端为起点，另一端为终点。

2. 在起点准备 2 条有松紧度的绳套（拉直 80 厘米）。终点处各跑道中间插上小旗。备跑表 2 块、发令旗 1 面。

3. 将游戏者按跑道数分成 2 队，以横队形式站在各自跑道起点线后。

3. 本游戏需裁判员 2 人，发令员 1 人，站在起点外侧 3 米处，另设计时裁判员，站在起点内侧 3 米处。

具体内容

1. 当发令员发出"开始"口令后，各队的第一名同学套上大绳套，步履蹒跚地向前走绕过标志旗再走回起点，脱下绳套交给第二名同学。

2. 如此重复直到最后一名同学走回起点线止，速度快的队为胜。

3. 比赛规则：

①绳套必须套在两脚踝部。

②在行走过程中，绳套不得落地，否则在绳套落地处重新套上再走。

③在绕标志旗过程中，如将标志旗碰倒，则用手扶起旗后方可继续行走。

④当一名同学返回起点线后，不可两脚脱下绳套交给下一名同学，接绳套时可以用手帮忙套上。在行走过程中如绳套落地，也可用手帮忙套上后再走，不得边套边走。

⑤以每队走完一轮的速度决定胜负，如多队参赛成绩相等则名次

二　素质培养篇

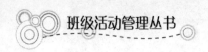
并列。

注意事项

1. 赛前做好准备活动，特别是髋、腰部。

2. 赛前每名同学套上绳套练习几次，两腿尽量大开立，一方面由于撑开绳套不易脱落，另一方面可以加大步幅。

3. 不断提高套脚走技巧，换步时不要倒体，两腿伸直脚踵先着地使绳套向前平行移动就可以提高走速了。

4. 穿软底新鞋可加大摩擦防滑。

5. 比赛也可使用小绳套，一走三扭也很有看头。

教育意义

此游戏发展同学们身体的协调性、灵活性，特别是髋关节的协调性、灵活性，使同学们在比赛中增加了生活情趣。

编号 3

二人三足擦地板接力

目的

锻炼同学们的身体素质，感受比赛乐趣。

准备工作

1. 在地板上或在光滑的地面上标出 4 条 20 米长、2 米宽的比赛道。

2. 准备 4 条全棉毛巾、跑表 4 块、发令旗 1 面、标志物 4 个，分别放在跑道终点的中间位置。

3. 参赛的同学成偶数分成人数相等的 4 队，每 2 人一对，按编排的道次分别站在起跑线的后面。

4. 每队的第一对 2 人并排站立，用内侧脚同踩一条毛巾的两侧，内侧手互拉预备。

5. 发令裁判员 1 人，站在起跑线内侧 3 米处；计时裁判 2～4 人，站在起跑线内侧；记录裁判 1 人，站在计时裁判处；检查裁判 2 人，站在跑道两侧或往返处。

具体内容

1. 当发令裁判员发出"开始"口令后，每对选手的内侧脚踩着毛巾向前蹭着走，形成二人三足向前走的形式。

2. 当走到往返点小旗处，2 人绕过小旗再走回起点，用双脚把毛巾传到起点。

3. 另一对选手继续重复上述动作，直至最后一对选手完成。

4. 比赛规则：

①在行走过程中，如毛巾脱落，2 人必须在原脱落处重新开始。

②在行走过程中必须是 2 人内侧脚携毛巾向前擦地，如有违犯应重新开始。

③用表计成绩，按成绩进行奖励。

注意事项

1. 场地要光滑。

2. 赛前选手要进行练习，要掌握好用力的速度、力量，控制好步长。

教育意义

比赛发展了同学们身体的协调性、灵活性，特别是提高髋关节以下肌肉协调用力的能力。通过本游戏，提高参赛者足擦地板的技巧，在健体强身中劳动，一举两得。

编号 4

赤脚沙滩走

目的

按摩脚底，辅助治疗疾病。

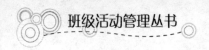

准备工作

1. 利用集体外出的旅游机会，选择大片沙滩，选择 100 米长、58 米宽的往返地段。

2. 准备跑表，备起终点、往返点标志旗。

3. 游戏者按性别、年龄编号，混合编组比赛。游戏者赤脚以横队站在标志线后准备。

4. 需要裁判员 2 名，计时员 2 名。

具体内容

1. 裁判员发出"开始"口令后（计时开始），游戏者向前走。当走到往返标志旗后，即转体返回走，当再走到起终点线后，再返回。

2. 女生共往返 4 次，男生共往返 6 次止。游戏者到达终点线停止计时。按计时成绩排列名次。

3. 比赛规则：

①自己走，搭伴走随意，但不能给予助力。

②快走如出现腾空为犯规，3 次犯规取消录取资格。

注意事项

1. 解放思想，赤脚健身，赛前多做脚趾韧带的伸展动作，以防拉伤。

2. 脚适应松软沙滩后，在保持适当步长情况下，加快步频。

3. 游戏者搞清楚自己的名次，为得好名次，可采取跟随战术，在最后 100 米时，进行冲击。如体力不足，则跟到最后 10～20 米时，突然加速超过对手。

教育意义

这个比赛发展了脚底肌肉力量，提高同学们的走速与耐力，有效地刺激脚底内脏器官的敏感区，全面调解身体内脏的功能。如果长期坚持，有利于健身和辅助治疗一些疾病。

编号 5

"列车" 赛跑

目的

发展集体跑的速度、力量、耐力、协调性，提高跑步兴趣。

准备工作

1. 田径场径赛跑道 100 米长、2.4 米宽的 4 条跑道。

2. 准备有松紧的套圈 10 个，跑表 1 只。

3. 游戏者分男女两队，每队 10 人，共 4 队，同时比赛。

4. 4 队游戏者以纵队站到编排的道次起跑线后准备。

5. 本游戏需发令员 1 名、计时员 4 名、终点裁判员 1 名。

具体内容

1. 当裁判员发出"预备"口令后，全体向左转，右肩侧对终点，其左手依次向后伸，拉住后者右手中的套圈，"列车"成半蹲身站立预备。

2. 当再发出"开始"口令后（计时开始），"列车"向前跑进。

3. 为了步调一致，可集体喊着"一二、一二"口令，直至跑过终点。

4. 各队车尾跑过终点线时（计时停止），按计时成绩排列名次。

5. 比赛规则：

①抢跑犯规 2 次罚下。

②在跑进中，必须手拉手集体前进，如中途出现脚步错乱而摔倒，经调整后继续比赛。

③在跑进中，如出现手脱开套圈，则前者等后者，等拉上套圈后继续比赛。

④各队"车头"为队长，可指挥本队的比赛。

注意事项

1. 每队为统一整体，跑步动作为半蹲身同步跑，赛前应进行训练。

二 素质培养篇

2. 右肩身跑时，左侧腿注意屈膝前抬，步幅不宜过大，以小步幅快频率跑进为宜。

教育意义

有时，老师会发现学生对跑步不感兴趣，可以换个方式进行跑步比赛，增加趣味性，学生们自然就会踊跃参加了。

编号6

窄距俯卧撑接力赛

目的

发展同学们的上肢、背肌力量及力量耐力。

准备工作

1. 室内外均可。

2. 以单位报名，每单位可报一队，每队10人，共4组。

3. 每队游戏者按排列的先后顺序，以纵队队形到比赛场地试练准备。

4. 本游戏需主裁判1名，各队裁判员1名。

具体内容

1. 裁判员发出"预备"口令后，游戏者两腿下蹲，两手指交叉直臂撑地，分腿后伸脚掌蹬地，身体挺直，两眼下视。

2. 当发出"开始"口令后，游戏者呼气，同时两臂向下弯曲，胸接近两手时，吸气的同时憋气，两臂用力快速再撑直。

3. 多次重复直至撑不起时即换本队第二位游戏者接做，直至最后一名游戏者撑不起止。

4. 各队以累计数排列各队名次。

5. 比赛规则：

①两手指相交叉撑地；两臂下屈时，肘与肩平为合格，否则不报数。

②身体挺直完成撑起计数，否则不报数。

③不限时间。在完成过程中，可直臂撑地休息5秒3次。

注意事项

1. 两手指交叉撑地，待两腿蹬稳后再做俯卧撑。

2. 匀速完成每一个俯卧撑，以便从中放松两臂肌肉，增加撑起次数。

3. 本队游戏者安排比赛顺序：两头安排臂力大、意志力强的游戏者以利于开门红和最后拼搏得胜。

教育意义

除了体育课和课间休息，同学们要在椅子上坐上整整一天，这样非常不利于骨骼与肌肉力量的增长。这个比赛锻炼了被大家平时忽略的上肢和背肌力量，使身体素质全面发展。

编号7

双人背部对顶

目的

通过力量对抗，战胜其他同学。

准备工作

1. 在地上画3米为直径的圈4个。

2. 准备抽签筒、口笛4个。

3. 参赛游戏者抽签决定编号及对手。

4. 每组8对选手。

5. 比赛每场地需主裁判1名。

具体内容

1. 当裁判员发出"预备"口令后，一对游戏者背顶背站圆心处预备。

2. 当发出"开始"口令后，二者立即各向后蹬地，试图将对方顶出圆圈场地。

一 素质培养篇

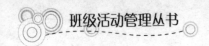
3. 二者在圆圈内经过力量的较量、战术的应用，左右移动，在规定的
1 分钟内，把对方顶出圆圈场地为胜一局。

4. 比赛采取三局两胜制。

5. 比赛规则：

①本游戏只限背对背对顶，否则令其重赛。

②一方脚踏圆圈标志，即判输一局。

③在对顶过程中，如摔倒，令其重赛。

④本比赛不能穿皮鞋，但可光脚。

⑤本比赛采用单循环制决出冠军。

注意事项

1. 背对背互顶，主要依靠腿部、腰部用力。

2. 动作反应要快，以快制胜。

3. 在抗顶过程中，要降低身体重心。

教育意义

这个活动锻炼了同学们的爆发力、耐力、身体的灵活性及智慧，同时
培养大家战胜对手的意志品质。

编号 8

背对背拔河

目的

用尽全力将对方拉出圆圈，体会胜利的快乐，培养运动兴趣。

准备工作

1. 在地上画 4 米为直径的圆圈 4 个，中间画直径线。

2. 准备结实绳子 4 条、口笛 4 个。

3. 学生 2 人一对，按年龄编号，由裁判抽签分组，每组 4 对，分组
比赛。

4. 比赛每场地需主裁判 1 名。

具体内容

1. 各场裁判员发出"预备"口令后，2 名游戏者进入场地，首先背对背站在直径两侧，由裁判员发给 1 条短绳。

2. 比赛双方双手握紧绳的两端放一侧肩上成弓步站立预备。

3. 当再听到"开始"口令后，双方两腿用力向后蹬地，将对方拉出圆圈者为胜。然后换另一侧肩再拉一次。

4. 比赛采取三局两胜制度。

5. 胜者参加下一赛次，决出冠亚军。

6. 比赛规则：

①抢先用力 3 次罚下。

②双脚踏出对方半圆边线者，判失败一局。

③在拉绳比赛过程中，两脚可以左右、前后移动，如有失误摔倒，裁判员叫暂停，站好重新比赛。

④本比赛不限时。

⑤故意松手者，判失败一局。

注意事项

1. 进场地做身体前倾的起动预备动作后，注意力集中，要用爆发力蹬地拉绳。

2. 在相持中或转动中，要降低身体重心，寻机突然起动蹬地拉绳。

3. 穿摩擦力大的鞋和有垫肩的上衣为宜。

4. 无论胜与败，都不能主动松手，待判胜负之后，同时松手，以免造成前摔。

教育意义

锻炼了爆发力、力量和耐力，增加了同学们身体的灵活性，同时，要想取得比赛胜利，还需发挥智慧与培养战胜对手的意志品质。

编号 9

连续抛接实心球

目的

让同学们学会正确并快速地抛接实心球。

准备工作

1. 在平地上画出 30 米长、2.5 米宽的 2 条跑道，画相距 5 米的传接线。

2. 准备实心球 20 个，备发令旗 1 面、跑表等。

3. 每单位同龄男女各报一队，每队 6 人，按报名顺序编号、分组，每组两队。

4. 两队分站在相距 5 米的传接线上。按组顺序进行比赛。

5. 比赛需要裁判员 1 名、计时员 2 名。

具体内容

1. 当裁判员发出"预备"口令后，1 号游戏者立即从起点处拿起一个实心球抛给 2 号，2 号接住后抛给 3 号……

2. 同时 1 号又拿起一个实心球抛给 2 号，2 号再抛给 3 号……直至 6 号接到最后一个实心球时，计时停止。

3. 按计时成绩，排列各队名次。

4. 比赛规则：

①每队第一人站在起点线负责连续抛球。

②每队第二至第五人在相距 5 米的抛接线负责连续接球及抛球。

③游戏者抛接球必须有一脚踏在抛接线上。

注意事项

1. 各队游戏者要准确抛与接，如抛接失手，由接者赶快拾起抛出。

2. 抛与接实心球要根据游戏者左、右手的习惯，以利于准确接。

3. 抛球的抛物线不必过高，以免影响速度。

教育意义

这个比赛锻炼了同学们的上肢力量，进行多次，同学们的肌肉力量就会得到发展。同时，抛接实心球需要准确性，这也是需要勤加练习的。

编号10

双手提重物跑

目的

同学们要克服困难，尽全力跑到终点，获得比赛胜利。

准备工作

1. 画出 50 米长、1.2 米宽的跑道 6 条。

2. 准备装 10 千克沙土的塑料桶 12 个，每道备 2 桶（女性重量减半）。

3. 准备跑表 6 块。

4. 游戏者按性别、年龄分组，每组 6 人，分道比赛。

5. 比赛需要发令员 1 名，计时员 6 名。

具体内容

1. 当裁判员发出"预备"口令后，游戏者提起 2 个装沙土的塑料桶站在起跑线后预备。

2. 裁判员发出"开始"口令时（计时开始），游戏者即向前跑进至 50 米处绕过标杆，返回起点线，以躯干到达终点时计时停止。

3. 按计时成绩排列名次。

4. 比赛规则：

①两手所提的重物中途不可落地，否则取消录取资格。

②在比赛中不可串道。

③成绩相等，名次并列。

二　素质培养篇

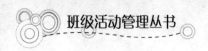

注意事项

游戏者提桶跑时，两臂自然下垂，否则影响前摆腿的平衡。

教育意义

这个比赛提高了同学们的跑步速度，而且在进行中还要负重，增加了难度，这都需要每位同学尽力克服。长期进行此项比赛有利于健美双臂和提高生活、劳动技能，还能培养锻炼的兴趣和毅力。

编号11

"马车"赛跑

目的

同学们互相配合，以最快速度到达终点，收获成功喜悦。

准备工作

1. 4条跑道，50米长、1.25米宽。

2. 准备马头标志帽4顶、发令旗、跑表等。

3. 游戏者3人扮一套马车。将游戏者编号、分组，每组4套"马车"。

4. 本游戏需发令员1名、检查员2名、计时员2名。

具体内容

1. 当裁判员发出"预备"口令时，扮"马"的游戏者戴上马头标志，后面扮"车轮"的两游戏者，手搭其两肩上，然后内侧腿抬起前伸，由"马头"两手分别握其两踝，搭成一套"马车"预备。

2. 当裁判员再发出"开始"口令后（计时开始），"马头"游戏者向前小跑，"车轮"游戏者则单足向前连续跳着跑，直至冲过终点标志线停表。

3. 以计时成绩排列名次。

4. 比赛规则：

①每套车在向前跑时，因配合不协调造成脱手或脚触地等，必须"停车"，重新组合后再继续跑进，否则取消录取资格。

②"马头"跑，"车轮"跳，串入邻道影响比赛则取消录取资格。

③在"马车"赛跑过程中，如"马车"散了架取消比赛资格。

注意事项

1. "马车"游戏者要互相配合，使跑、跳节奏同步。"马头"跑步要小步频、小步幅。

2. "车轮"游戏者的搭配：下肢弹跳力好，特别是二者中有一左腿、一右腿弹跳力好为最佳组合。

3. 每套"马车"如中途出现脱套情况，要立即停"车"重新组合。

教育意义

这个比赛可以锻炼同学们的下肢力量，特别是腿、踝、趾关节小肌肉力量，提高同学们对于运动的兴趣。

编号 12

长臂猴攀云梯

目的

借助臂力像长臂猴一样攀爬至云梯最高点。

准备工作

1. 准备两套云梯器材，备镁粉，云梯下备海绵包。

2. 将游戏者分成人数相等的两队，同时进行。

3. 比赛需要裁判员 1 名。

具体内容

1. 当裁判员发出"开始"口令后，各位同学立即向上跳起，用手攀住云梯，身体荡在空中，然后两手倒着向前移动，直到攀抓到最后一节云

二　素质培养篇

梯止。

2. 当第一位同学跳下之际，第二位同学跳起攀抓，直至本队最后一位同学跳下止。最先完成的队为优胜队。

3. 比赛规则：

①长臂猴游戏在攀抓过程中，如掉下，可重新跳上攀抓。

②攀抓到最后一节云梯方可跳下，否则为一次犯规。

③奖励优胜队或攀抓动作优秀者。

注意事项

1. 在攀抓过程中，看准后再倒手前攀，尽量不要掉下来。

2. 在攀云梯前，手掌要擦上镁粉，以防手出汗发滑。

3. 手臂力量差的游戏者，中途可悬体休息 5 秒或借助两腿上摆力量攀抓。

教育意义

这个游戏主要是锻炼了同学们的臂力，若想攀爬成功，需要灵巧的特性。同时，还培养了同学们勇敢、果断的素质。

班级活动游戏宝典

编号 13

推大轮胎往返跑

目的

以尽可能快的速度将大轮胎推到终点。

准备工作

1. 选择平整的柏油路，往返距离 100 米、2.5 米宽的 2 条跑道。

2. 准备大轮胎 2 个、标志旗 2 个、跑表等。

3. 给同学们分组，每组 2 人，分组比赛。

4. 比赛需要发令员 1 名、计时员 1 名。

具体内容

1. 当发令员发出"预备"口令后，同学们站上跑道，左脚站前，将轮胎放两腿间，右手在后，两手在上扶正轮胎预备。

2. 当发令员再发出"开始"口令后（计时开始），各位同学边推边跑，绕过本道标志旗，再返回到终点，计时停止。

3. 按计时成绩排列名次。

4. 比赛规则：

①本比赛为分道跑，串道影响他人，取消比赛资格。

②在比赛途中，如轮胎倒地，可重新扶起继续比赛。

③以同学的躯干过起终点线瞬间停表。

注意事项

1. 同学左手为主推轮胎，推的位置应控制在轮胎的后上部，右手主要是协助调整滚动方向，两手灵活配合。

2. 右手推轮胎前，两眼要向前看，利于右手掌握方向。

3. 推出轮胎后，立即向前跑，人与轮胎保持较近距离，以利于随时推轮胎前进。

4. 在绕标志旗返回时，两手控制好轮胎沿小弧线绕过。

教育意义

这个活动发展了同学们的力量、速度、耐力及上推力的准确性，同时培养了大家克服困难的信心。

编号 14

原地投掷

目的

锻炼手臂力量及准确用力的能力。

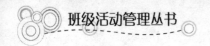

准备工作

1. 将 1~4 个镖盘挂在一面墙上。

2. 每盘前面画出定点投镖线，备镖若干个。

3. 将全班同学进行编号，按号在 1~4 个镖盘进行比赛。

4. 每人手拿 3 个镖，站在指定的投镖线后预备。

5. 比赛需要 2~4 名裁判员，分别负责计取游戏者得分，站位在投镖区外侧。

具体内容

1. 各裁判员打出"开始"手势后，游戏者即开始投镖，直至投完 3 个镖为止。

2. 比赛规则：

①投出的镖压在镖盘投镖区内线上，以本镖区分值算分；如压在投镖区外线上，其分值以降一档次算分。

②游戏者必须站在定点投镖线后投掷，否则得分无效。

③定点投镖线距离因人而异，或参照正式国际比赛距离设置。

④镖插入镖盘方可计分，否则不计分。

⑤可采用不限时或限时两种。

注意事项

1. 游戏者不要紧张，不要着急，要找准感觉再投出。

2. 游戏者赛前一定要进行练习，但不要使投掷臂太累，否则会失去准确性。

3. 要掌握投标抛物线规律和投掷的特点，并根据个人情况，灵活掌握，以提高命中率。

4. 还可采用向前走 3 步投镖、转动投镖、拉大投掷距离投镖等方法。

教育意义

本游戏是国际比赛的社会体育项目，经常练习可能有机会参加国际投镖比赛。

编号15

穿筒裙迎面接力

目的

克服长筒裙的不适，全力跑向终点，感受集体活动的乐趣。

准备工作

1. 在平坦场地上画30米长、1米宽的跑道4条。两端各画一条端线。

2. 准备坚固耐用的4条长筒裙，筒裙长1米，腰围1米。

3. 跑表1只。

4. 将全班同学编号、分队，每6人为1队，6队同时比赛。其中3人在跑道另一端，组成迎面接力的队形。

5. 裁判员1名、计时员4名。

具体内容

1. 裁判员发出"预备"口令时，6个队的1号同学穿好长筒裙，双手提裙，站在起跑线后准备。

2. 当裁判员发出"开始"口令时（计时开始），同学双手提着长筒裙向前小步跑。

3. 当跑到30米端线时，迅速脱下筒裙交给2号同学。2号同学在端线后穿好筒裙开始向对面跑出，多次往返重复。直至各队6号同学跑至终点线时，计时停止。

4. 按计时成绩排列各接力队的名次。

5. 比赛规则：

①筒裙的规格要统一。设裙长1米，筒式上下口周长均为1米。不设腰带，要用双手提着跑进，违者取消录取资格。

②在传接筒裙时，传者要跑过端线脱下交给接者，接者必须穿好筒裙才能跑出。违者取消录取资格。

③有同学途中跌倒时，不判犯规，爬起可继续比赛。

④当有同学有意串道阻挡其他同学时，立即取消比赛资格。

注意事项

1. 本游戏属于趣味性游戏，可组织观众。

2. 游戏者在长筒裙的限制下，步长只有 40 厘米左右，易失去平衡跌倒。

3. 游戏者采用快步频的小步跑，能够取得最佳效果。

教育意义

这个比赛提高了同学们的速度、协调素质，提高了加快步频的能力，同时，增加了休闲健身情趣。

三、学习训练篇

学习是学生的主要任务，但是日益增加的课业已经成为学生们的负担，枯燥的知识和单调的课程，渐渐消磨了大家的学习兴趣。教师何不换个方式，运用游戏重新唤起学生学习的动力，将能力培养与知识吸收融入到游戏中，使大家感受到学习是一个快乐的过程呢？

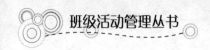
学习态度

编号 1

抢答我最行

目的

调动学生们学习的积极性。让他们主动去思考问题的答案,将知识的被动记忆变为主动记忆,并且第一时间争取主动的权利,获得答题的机会,最后获得奖品。

准备工作

1. 智力竞猜问题若干,问题的内容力争全面,分成若干个问题类,例如历史知识类、时政知识类、自然知识类等。

2. 抽签所用的纸箱与纸条。

3. 抢答器 3～5 个。

4. 相关的比赛奖品。

5. 老师制定详细的规则,并向同学们公布。

6. 组织学生适当布置教室,形成比赛氛围。

7. 选出主持人两名,记分员 1 名。

具体内容

1. 利用抽签的方法将同学们分成 3～5 个小组(以班级人数为根据)。

2. 各小组形成各自的阵营来坐。

3. 各小组用 10 分钟时间决定自己的组名及口号。

4. 各小组展示组名及口号。

5. 主持人宣布比赛开始，由第一个小组选择问题类，主持人从中选择一道问题，向全体小组发问。

6. 各小组开始抢答。

7. 在几轮之后，根据分数，淘汰后几组，留下 3 个组继续抢答。

8. 最后得分最高的小组，所有组员都能获得奖品，并派代表发表获奖感言。

注意事项

1. 抢答器交由小组中的一名同学负责，可以轮换负责，切忌组内抢夺。

2. 当其中一个小组回答问题时，允许小组内部帮助。其他小组同学尽量保持安静。

教育意义

抢答游戏是电视综艺节目常用的一种游戏方法，老师完全可以从中借鉴，并且加以改良，用于班级游戏。抢答游戏最精彩的地方就在于抢答二字，极大地调动了参与者的积极性。长期的学习难免会使学生的学习积极性降低，所以将学习知识融入到抢答游戏中，不仅促进了同学们知识的吸收，而且还重新唤起同学们学习的热情，可谓一举两得。

编号2

留住我的心

目的

帮助学生集中注意力，加大学生对学习的集中力度，并且养成学习专注的习惯。

准备工作

1. 选择一个安静的空间，避免外界的干扰。

三 学习训练篇

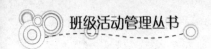
2. 老师向学生们讲述专心对做一件事的重要性，并且介绍该游戏。

3. 若干白纸。

具体内容

1. 发给每位同学一张白纸。

2. 老师请同学们闭上眼睛。

3. 老师作开头语："同学们，请集中你们所有的注意力，我们即将开始游戏，下面给同学们两分钟时间，慢慢沉淀，自我安静。"

4. 老师继续描述："我们先在空中描绘出一个点，这一刻，我们的心中只有这么一个点，让它保留在你的心中，凝想，请同学们坚持。"

5. 留出凝想时间 30 秒。

6. 老师继续描述："下面，我们慢慢将此点延伸成为一条直线，将这条直线保留在你的心中，凝想，请同学们坚持。"

7. 留出凝想时间 1 分钟。

8. 老师继续描绘："下面，我们将这条直线化为一个五角星形，将这个五角星保留在你的心中，凝想，请同学们坚持。"

9. 留出凝想时间 1 分 30 秒。

10. 老师继续描绘更复杂的图形，并且延长相应的凝想时间。

11. 最后请同学们画下自己凝想的图形。

注意事项

1. 所凝想的图形复杂程度应循序渐进，第一次做此活动时，尽量舍弃复杂图形。

2. 老师可以周期性做此活动。

3. 凝想的空间务必安静。

4. 老师应用语言积极鼓励学生，例如"完成不顺利都是正常的"。

教育意义

这是一种"视觉和听觉配合训练"，由瑞士络山权精神医院设计，是一种十分有效的注意力集中术。学生在学习的过程中难免出现兴趣点广泛，注意力难以集中的情况，这是学习知识的一个阻碍。说教与批评等方

法都没有取得有效效果时，老师可以考虑采用此类训练游戏，帮助同学们提高学习的集中度。另外，老师还可鼓励学生在家进行此训练。一定次数后，便可取得效果，养成专注的习惯。

编号 3

单词竞赛

目的

提高学生学习英语的积极性，并且突破背单词的困扰。

准备工作

1. 选取一些彼此有关联的词的单词，例如同义词、反义词或容易想到另一半的单词。

2. 白纸若干，作为答题纸。

3. 奖品若干。

4. 制作分数卡。

5. 老师向同学们讲述游戏的规则。

具体内容

1. 每 1 位同学发一张白纸。

2. 老师宣布比赛开始，并请同学们集中注意力。

3. 老师念出事先准备的单词，并且说出自己所要的答案要求。

例如：hot，h—o—t，热，请写出它的反义词。

rich，r—i—c—h，富有，请写出它的反义词。

fast，f—a—s—t，快速，请写出它的反义词。

happy，h—a—p—p—y，快乐，请写出它的同义词。

see，s—e—e，看，请写出它的同义词。

tomato，t—o—m—a—t—o，西红柿，请写出代表西红柿颜色的词。

4. 老师在念完所有单词后，请同桌交换答题纸。

三 学习训练篇

5. 老师公布正确答案，同学们为自己同桌打分。

6. 答案全部正确的同学，获得纪念奖品一份。

7. 同学们一起讨论学习单词的诀窍。

注意事项

1. 根据学生的学习年龄段来决定比赛的难度，例如高年级的同学可以不念中文意思和单词拼写，同时也训练了学生的听力。

2. 根据此阶段单词的学习进度来选择单词。

3. 有些问题的答案没有标准的唯一答案，要灵活对待，只要符合题意，即可判定学生是对的。

教育意义

所谓联想，就是由当前感知或思考的事物想起有关的另一事物。心理学认为，联想实际上反映了客观事物之间的联系，它在促进人的记忆、想象、思维等心理活动中，占有重要的地位，它成为了人的思维的一种形式，成为学习的一种方法。联想法尤其可以用在英语学习上，单词是学习中首要攻克的一个难关，通过竞赛的方式可以调动学生学习单词的积极性，并且有效地记住这些单词。

编号4

评比班级小歌星

目的

增强学生对音乐的兴趣，提高学生演唱水平。

准备工作

1. 规定曲目。

2. 请音乐老师为学生指导，每天安排一段时间（早自习或午休）进行练习。

3. 请音乐老师作为评委。

4. 麦克风和音响，以及歌曲相对应的配乐。

5. 抽签所用的纸箱与纸条。

6. 适当布置比赛会场。

7. 比赛所需奖品。

8. 选择主持人1名。

具体内容

1. 主持人介绍比赛过程和比赛规则，以及获胜者奖品。

2. 宣布比赛开始。

3. 学生进行抽签，决定分组以及组内比赛顺序。

4. 逐个小组进行比赛，由评委打分。

5. 每个小组的前三名进入决赛。

6. 再次抽签决定出场顺序。

7. 决赛选手按序号演唱，评委一一进行点评、打分。

8. 由评委选出第一、二、三名，再由所有学生共同投票评出"最受欢迎歌手"、"现场表现最佳歌手"、"最具潜力歌手"等奖项。

9. 进行发奖仪式，获奖者发表获奖感言。

注意事项

1. 在选手进行比赛时，其他同学要认真聆听，即使不好听，也不能进行嘲笑。

2. 被淘汰的选手自动成为助威加油团，坐到观众席中观看比赛。

3. 时间段可以选在班会。

4. 友谊第一，比赛第二。

教育意义

音乐学习相对于其他学科的学习也同样重要，虽然它并不属于高考科目，好的音乐本身对学生的自身修养、人生价值观等方面都有积极的影响。现在，一些学生因为音乐并不考试，所以就忽略了音乐的学习，这是不对的。花费些时间学习音乐并不浪费时间，并且，在音乐的学习中，学生还陶冶了情操，舒缓了紧张的学习情绪。

三　学习训练篇

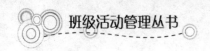

编号5

品牌企业调查研究

目的

通过调查品牌企业，了解品牌企业的成功之处，以及对国家 GDP 的推动作用。激发学生的爱国情怀，树立品牌观念，以及增强今后努力学习的信心。

准备工作

1. 老师出面与所要调查的品牌企业进行联系，商定调查的内容、时间、地点及有关要求。

2. 将全班同学分成两个调查组，推选出调查组的小组长与副组长，根据分工调查的对象，拟定好调查提纲，设计出调查数据统计表格。

3. 准备有关采访调查的用具，如小型录音机、照相机、笔记本等。

具体内容

1. 出发前，调查组负责人向本组成员讲明进行调查的程序，提出调查的具体要求。如言行要文明礼貌；认真听取介绍，作好记录；座谈中对不清楚的问题，可以提问；遵守纪律，注意安全等。

2. 按调查程序进行调查：

①全组队员先跟着企业招待人员参观全厂，并用笔一一记录下所介绍的内容。

②小组按照自己事先制定好的计划，对企业内人员进行采访，并记录在案。

3. 小组成员将资料汇总，作出分析报告。

4. 开设"品牌企业调查报告展示"主题班会，两个调查组分别用 PPT 等形式展示研究成果，班级进行讨论，最后老师进行点评。

注意事项

1. 老师在调查小组进行调查之前，适当教授采访、调查等知识与

技能。

2. 选择调查的企业尽量在学校周围。

3. 对于低年级的同学，应由老师带领调查，注意交通安全、人身安全等问题。

4. 老师要嘱咐学生不能打扰企业员工的正常工作。

5. 班会展示内容侧重点应该在小组的调查过程，而非调查结果。

6. 调查资料等内容在活动结束后应妥善保管。

教育意义

在课本中学到的知识总是有限，而且容易让学生们产生疲劳感。不如偶尔放下书本，从身边事物学习知识，这是一种鲜活有趣的体验。而且，到品牌企业调查，会激发学生们的民族自豪感，体会到品牌的重要性，在调查小组所有成员的努力下完成一份调查报告，调动了学生们自主学习的积极性。老师应多鼓励学生从身边学起。

编号6

"我崇敬的一位英雄人物"演讲比赛

目的

让学生从自己崇拜的英雄身上汲取力量，树立学习的榜样，并且锻炼演讲口才。

准备工作

1. 制定演讲比赛流程计划。

2. 选择主持人1名，记分员1名，计时员1名。

3. 平时指导学生观看演讲比赛录像。

4. 比赛当天，适当布置会场。

5. 比赛之前，邀请评委数名。

5. 准备演讲比赛所需奖品。

三 学习训练篇

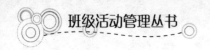

具体内容

1. 让每个学生确定一名自己所崇敬的英雄，并详细查阅他的生平事迹，撰写演讲稿。

2. 留给学生一周左右的演讲练习时间。

3. 以小组为单位进行预赛，然后各组推选出数名优秀代表参加全班决赛。

4. 进行决赛：

①主持人宣布演讲比赛规则和有关要求。

②参赛人员通过抽签决定出场顺序。

③参赛人员依次上台演讲。

④演讲要求：讲述的事迹典型，重点突出；评价中肯，述议结合；有行动，有打算，实际可行；语言规范，条理清晰；情感充沛，仪态大方。每人演讲时间不得超过 4 分钟。

⑤评委根据评分标准评分亮分，记分员将评委的最高分和最低分去掉，取其有效分的平均分为该演讲者得分。

⑥进行发奖仪式。

5. 老师进行最后总结。

注意事项

1. 在预赛淘汰的学生自动成为决赛的观众。

2. 在参赛人员进行比赛时，会场保持安静，待演讲结束，再鼓掌喝彩。

3. 老师可在比赛结束后帮助学生总结演讲技巧。

教育意义

榜样的力量是无穷的，尤其是对于还未成人的青少年来讲，他们更喜欢通过榜样来学习。学生们所崇拜的英雄身上所体现的优点，老师应该做积极引导学习。同时，演讲比赛既锻炼了学生们的口才，还巩固了他们向英雄人物学习的决心。

编号 7

养蚕大行动

目的

通过活动学会养蚕，巩固有关知识，培养科学兴趣。

准备工作

1. 教授学生养蚕知识。

2. 带领学生去市场买蚕卵和养蚕工具。

3. 把全班分成若干个养蚕互动小组。

4. 确定内部分工。

具体内容

1. 孵化蚕卵。

春天，天气逐渐暖和起来了，把上一年的蚕卵放在保持常温的地方。一二天后蚕卵就孵化了，刚孵化的蚕浑身长满了黑毛，很像蚂蚁，叫蚁蚕。孵出的蚁蚕要立即放在干净的扁箩或纸盒里。

2. 按时按量喂养。

蚁蚕要特别精心喂养，它喜欢吃嫩桑叶。可以摘些嫩叶撕成碎片来喂养。每天要喂上 2 ~ 3 次。等到蚁蚕变成乳白色时，食量逐渐增大。这时可喂新鲜干净的嫩桑叶，每天喂上 3 ~ 4 次。大约 6 天后，蚁蚕不吃也不动，像睡眠的样子，这叫眠。蚕一生要眠 4 次。眠一次，就蜕皮一次，身体便长大一些。四眠以后的蚕，叫五龄蚕。五龄蚕食量很大，每天要喂上 4 ~ 5 次。

3. 注意卫生和温度。

五龄蚕吃得多，排泄得也多。这时要经常消除蚕屎和废叶，保持干燥和清洁。同时，特别要注意放在空气流通，温度适当的地方（一般保持25℃左右），千万不能在室内点蚊香。

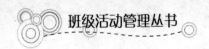

4. "上山"结茧。

当五龄蚕的脚和尾部开始变黄，身体逐渐透明，不再吃桑叶，蚕就开始要"上山"结茧了。这时要在放蚕的扁篓和盒子里放上些干稻草，让蚕爬到稻草上结茧。

5. 交尾产卵。把结好的蚕茧从稻草上轻轻地摘下来，放在铺上白纸的扁篓和盒子里。二三个星期后，蚕蛹变成蚕蛾，蚕蛾咬破茧钻出来，雌雄交尾后，雌蛾开始产卵。把蚕卵保存好，等到明年再孵化新蚕。

6. 养蚕的同时，记录养护过程。

7. 老师组织学生交流养蚕经验。

注意事项

1. 养蚕需要学生的爱心与责任心，且不能半途而废。

2. 选择合适的地方。

教育意义

养蚕对于同学们来说是一个新鲜的事物。在养蚕的过程中，可以培养同学们的爱心、责任心、细心和耐心等，并且还可以增强同学们对科学的兴趣，以及认识系统有规律地完成一件事是多么重要。这都对同学们的日常学习帮助极大，老师可将养蚕过程中同学们表现出的品质引导到学习上去。

编号 8

制作走马灯

目的

通过活动，使学生了解走马灯的工作原理，进一步体会风的产生和风力的作用。在精心制作中，使学生的操作技能得到发展，并养成认真细致的作风，在制作中体会成功的乐趣。

准备工作

1. 准备走马灯所需材料：图画纸，150 毫米 × 310 毫米蜡光纸 1 张，

子母扣，长 180 毫米的铁丝，木板，蜡烛。

2. 准备制作工具：剪刀、刻刀、钢丝钳、圆规、锉刀、胶水、彩笔。

具体内容

1. 老师介绍走马灯：走马灯是民间彩灯中活动灯的一种，它是利用蜡烛或电灯的热度，在灯筒内形成热空气上升，推动风轮转动，再带动一些纸人纸马的转动，灯笼生动活泼，独具风格。灯的转动部分，可分中轴式和顶筒式两种；从灯的外观来分，又有影动式和台口式两种。

2. 制作走马灯的顶盖：

①在图画纸上用圆规画 3 个直径分别为 98 毫米、78 毫米、20 毫米的同心圆，用铅笔把圆分成 24 份。用刻刀把直径为 78 毫米的圆每间隔一份沿线刻开，再沿剩下的铅笔线向下折，成 12 个页齿。

②在外圆周围画一些锯齿，用剪刀把带锯齿的圆剪下来，并沿圆周把锯齿向下折。

③在圆盘的中心处按上一个子母扣。

3. 制作走马灯的灯筒：

①用蜡光纸做一个直径 98 毫米、高 150 毫米的圆筒。

②在顶盖的锯齿内面涂上胶水，把顶盖粘在灯筒上。

③用彩笔在图画纸上画一些美丽的图案，剪下来，贴在灯筒上。

4. 制作走马灯的支架：把 180 毫米长的粗铁丝两头锉尖，一头钉在木板上。铁丝中间用尖嘴钳弯成"Z"形。

5. 走马灯整体组装：点燃蜡烛，把蜡烛固定在木板上。小心地把圆筒灯罩扣上去。把铁丝支柱的顶端放在子母扣的小凹孔里。

6. 组织学生将自己制作的走马灯集中展览，学生们分享做走马灯的乐趣。

注意事项

1. 低年级学生需在老师的指导下完成，高年级学生可以发说明书自己制作。

2. 制作过程中，注意人身安全。

三 学习训练篇

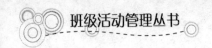

3. 除了制作走马灯，还可以制作多种有趣的手工艺品。

教育意义

动手实践是一种亲身参与的乐趣，老师应该让学生们融入到这种乐趣中去。这是由于动手实践是另一种学习的形式，同样可以修正同学们的学习态度。成功完成一件走马灯作品会大大增强学生对自我的信心。

编号 9

"我不怕挫折！"

目的

培养学生克服挫折的能力和完成整场比赛的毅力，增强学生克服挫折的信心，以及给予学生失败了可以重新站起来的勇气。

准备工作

1. 准备弯曲的轨道、乒乓球、书本、障碍物、木板、铁圈等道具。

2. 游戏所需的奖品。

3. 制定游戏惩罚措施。惩罚可以包括掌上压、单脚跳、扎马步、蹲跳等。

4. 选择空旷的场地，例如清空的教室和操场。

具体内容

1. 游戏分多项进行，每一轮可派 5 人比赛。

2. 第一项游戏：要求参赛者在 3 分钟内将乒乓球通过吹气从轨道的起点吹到终点。途中乒乓球脱轨则须重新开始。

3. 第二项游戏：把书放在碗上，顶在头上，在 2 分钟内从起点运送到终点。运送途中须经过障碍物，如坐在凳子上、跨过绳子、避开滚动的球等。若头顶上的书本落地或碰触到滚动的球，则须重新开始。

4. 第三项游戏：在参赛者的膝盖上围一个圆圈，迫使参赛者在游戏中以碎步行进。要求参赛者在 1 分钟内用木板将两个乒乓球从起点运送到终

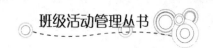
点。运送途中要绕过设置的障碍物。乒乓球落地或膝盖上的圆圈落地则须重新开始。

5. 参赛者需完成一项才能完成另一项。

6. 老师为每一位参赛队员计时。

7. 游戏结束，统计时间，用时最少的 3 名同学获得前三名，发放奖品。

注意事项

1. 叮嘱学生注意安全。

2. 其他同学为正在比赛的同学加油打气。

教育意义

面对挫折不轻言放弃是每一位同学应该具备的品质。在日常的学习与生活中，遇到不顺与挫折是一件难免的事情，一些同学处理不好，就会产生负面的情绪，进而影响正常的生活，严重的还会造成心理疾病。所以，面对挫折是老师要教授学生的重要一课，除了说教的方式，还可以采取这种活泼的游戏方式，轻松简单，富于乐趣，寓教于乐。

学习方法

编号 1

身心健康操

目的

用简单的方法学习字母与单词，达到高效记忆的效果。

准备工作

1. 挑选一些简单的英文单词。

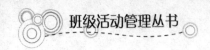

2. 将这些单词制作成为卡片。

3. 录音机，以及轻缓的背景音乐。

具体内容

1. 老师讲授身心健康操的基本要领：用身体或上肢来表示 26 个英文字母。

2. 身心健康操可以采取多种形式：

①由老师带领学生做字母操。

②给学生分组，要求每组表演一个字母串，一个单词。

3. 学生也可自我创造身心健康操，展示给其他同学并推广。

注意事项

1. 此种游戏适合低年级学生，英语入门阶段的学生。

2. 游戏可以选在上课开始、快要下课这种时间。

教育意义

身心健康操非常适合低年级英语入门阶段的学生。在此过程中，舒展身体，启发心智，放松情绪，集多种功能于一体，操作性强。

编号 2

班级特色阅读活动

目的

培养学生良好的阅读习惯，教会学生正确的阅读方法。

准备工作

1. 布置班级阅读环境。

2. 老师制定详细的活动计划，并发给每位同学一份。

具体内容

1. 每天晨读时，主要朗诵、背诵经典篇目和主题诗歌。

2. 每天中午 12：50 ~ 13：15，让学生阅读自己喜欢的课外书。每天一份思索、一份启迪、一份感悟，日积月累，形成阅读意识、习惯和能力。

3. 每天晚上布置学生回家看 30 分钟课外书，随时写写简单的读书随感。

4. 课堂内积累好词佳句，摘抄到读书摘记本上。

5. 鼓励学生与父母进行"亲子阅读"，共同读一本书，讲一个故事。

6. 黑板报上每期留 1/3 的地方写读书相关内容，让学生耳濡目染，喜欢读书。

7. 平时定期举行一些竞赛，如古诗朗诵比赛、读书笔记展览、讲故事比赛等，以激发学生阅读的积极性。

8. 在日常的读书活动中，根据每个学生的读书量、读书态度、参加交流的成果进行评价，随时奖励，评选出班级"读书之星"。

9. 定期开展读书交流活动。

注意事项

1. 阅读活动中取得效果不错的几项，可以留到以后长期开展。

2. 不能强制学生阅读，而应该是尽力引导，并且用良好的氛围感染他们。

3. 活动不宜在重要考试前进行，以免影响学生功课的复习。

教育意义

书是人类的精神食粮，作为学生，更应该好读书，读好书，而且也要真正的会读书。这些并不是简单的说教就能让学生养成的习惯，老师应该多考虑其他方式，从正面感染、熏陶学生，使他们自主读书，再旁敲侧击，帮他们形成良好的读书习惯。

三 学习训练篇

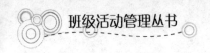

编号 3

圆球游戏

目的

挑战自我的极限。

准备工作

1. 准备皮球 10 只（其中 1 只备用）。

2. 选择空旷的场地。

3. 计时所用的秒表。

具体内容

1. 准备编上序号为 1、2、3 的 9 只相同的皮球。

2. 将所有的学生分成 3 组，每个小组 20 人。每组配给 3 只序号为 1、2、3 的皮球。

3. 每组将球按 1、2、3 号的顺序从发起者手里发出，最后按此顺序回到发起者手里。在传递过程中，每一个人都必须触及到球，所需时间最少的一组获胜。

4. 球掉在地上一次，额外加 10 秒。

5. 游戏开始时，3 组人一般会不约而同地围成 3 个圈，一个接一个地传递，计下 3 组的成绩，例如分别为 17 秒、18 秒和 50 秒。老师可以向所有的小组提出挑战："有没有更好的办法让时间变得短些？这个游戏的最好成绩为 8 秒。"

6. 参考思路：用手围成一个圆筒状，让 3 个球分别从上面滑下，所用时间仅为 4 秒！这是一个绝妙的想法！当然可能还有更快的方法，老师要不断启发大家去思考新的方法。

注意事项

老师需要不断地鼓励学生。

教育意义

有的学生看到成绩时连自己都不敢相信——"开始时觉得 30 秒已是不可思议的!""能不能再快些?"一个又一个想法从学生们的脑中蹦出来,游戏过程中不断传来喜讯:"9 秒"、"5 秒"、"4 秒",有例子显示最快的居然只用了 0.58 秒! 通过这个游戏,让大家感受到:每一件看似不可能的事情摆到面前时,这种"不可能"的心理定势让每个人都会想到放弃。做了才能成功,但最终的成功不是因为你做了,而取决于你怎样去做。思维可以指导人们的行动,同时也能约束人们的行动。要想成功,唯有敢于超越自己的思维。

编号4

过"鬼门关"

目的

帮助学生确立人生目标,激励其奋斗的斗志。

准备工作

1. 老师制定详细的游戏规则。

2. 选择适合的空旷场地,例如空教室、操场等。

3. 游戏所需的纪念礼品。

具体内容

1. 第一阶段,走自己的路,全体参与时间 15 分钟:

①每个学生最清晰地表达自己的人生目标,合格者通过意愿关。表达方式:"我想成为……,请允许我通过!"老师允许后可以通过。

②每个人从 A 点走到 B 点,用任何不同于其他人的姿势走过去,与他人相同者将被淘汰。

③通过者每人得 1 分。

2. 第二阶段,身心考验,每组 4 位男生参加,时间 15 分钟:

三　学习训练篇

①最响亮地表达自己的人生目标，至少要达到 80 分贝，合格者通过意愿关。表达方式："我想努力成为……，请允许我通过！"老师允许后可以通过。

②做俯卧撑 20 次以上。

③通过者每人得 2 分，每增加 10 次俯卧撑加 1 分。

3. 第三阶段，战胜自我，每组 3 位学生参加（可重复），时间为 30 分钟：

①最响亮、最清晰、最快速地表达自己的人生目标，至少要达到 100 分贝，每秒 6 个字。合格者通过意愿关。表达方式："我一定要成为……，请允许我通过！"

②通过者每人得 3 分。

4. 为得分最高的队员颁奖。

注意事项

1. 老师要注意游戏控制、时间、打分标准等细节。

2. 年龄小的学生或是女生，可按实际情况减少俯卧撑的次数。

教育意义

老师要让同学们得到以下的游戏感悟：成功＝意愿×方法×行动。这是一个集体参与的游戏，让每个学生都觉得实现梦想的路并不孤独，有这么多志同道合的人相伴左右。

编号 5

自制小乐器

目的

让学生分辨不同质料的物品的音色差别，培养学生的音乐想象能力。

准备工作

1. 纸箱、塑料瓶、空的易拉罐和玻璃瓶及木棒、铁棒。

2. 透明玻璃杯、筷子。

具体内容

1. 活动一：

①老师敲击不同质地的物品，让学生体会其间的不同。

②学生闭着眼睛，由声音分辨老师敲击的物品。

③老师设定情境，由学生选取物品敲击。如打雷——用木棒敲纸盒。下雨——用铁棍轻敲易拉罐盒。

④老师演奏乐曲，学生用物品敲打节奏。

2. 活动二：

①老师分别敲注入水的茶杯和空茶杯，让学生体会声音的不同。

②解释：水杯盛水的多少能影响杯壁振动的频率，从而导致声音的不同。

③老师向不同的杯中注入不同数量的水，制成杯琴测出不同高低的音阶，然后按顺序排列在桌子上。

④选择一个学生熟悉的乐曲，表演。

⑤请学生尝试敲击乐曲。

⑥让学生尝试制作杯琴。

注意事项

1. 老师需具备一些基本的音乐知识，若是不具备，可请音乐老师参加。

2. 优秀表演者可以排练敲击乐器的节目，用于晚会表演。

3. 防止低年级学生注意力不集中。

教育意义

处理好每一个音符才能弹奏出美妙的音乐，这与学习的过程有异曲同工之妙。

三　学习训练篇

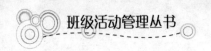
编号6

数字测试

目的

让同学学会运用回想记忆这个记忆法。

准备工作

数字测试表若干。

具体内容

1. 老师发给每位同学一张数字测试表。

例如：

	A	B	C	D	E	F	G
1	3	8	9	5	7	8	0
2	2	6	0	3	9	4	8
3	9	0	0	2	4	7	6
4	5	8	3	2	6	9	7
5	3	7	5	1	0	7	4
6	8	3	4	3	6	0	2

2. 老师请同学们在规定时间内记忆这些数字。

3. 再发一张空白表格，请同学们填写。

	A	B	C	D	E	F	G
1							
2							
3							
4							
5							
6							

4.5 分钟后，收上表格，计算分数，每填对一个得 1 分，满分为

42 分。

注意事项

1. 游戏可以从易到难，循序渐进。

2. 不允许有作弊行为，例如事先抄下数字。

教育意义

这个游戏需要用到回想记忆，我们可以加上重复性，从死背的方法转变为复述。复述与背最大的差别就是，复述是不断激发头脑的线索，让我们多念几遍，变得琅琅上口，回想时就能熟能生巧。同学们应该学会复述记忆这个有效的记忆方法。

编号 7

学写社会调查报告

目的

懂得写社会调查报告的目的和作用，掌握写社会调查报告的有关知识和要求：

准备工作

1. 老师制定调查报告具体实施细则。

2. 优秀社会调查报告范文。

3. 比赛所需奖品。

具体内容

1. 主持人说明这次活动的内容。

2. 请政治老师讲解写社会调查报告的有关知识和要求：

①老师指导同学阅读相关的调查报告，了解调查报告的写法。

②结合范文讲解一篇好的社会调查报告的要求。第一，材料真实，感情真挚，事理交融，观点与材料紧密结合。第二，标题新颖，结构紧凑，

三　学习训练篇

语言明快，论证逻辑性强。第三，篇幅短小，一般以几百字为宜。

3. 根据上述要求，同学们独立思考，各自拟题，独立撰写。

4. 将同学分组，每组 5~6 人，以组为单位交流报告，并评选出本组的优秀报告，推选一篇最优秀的报告在全班交流。

5. 主持人宣布全班优秀调查报告交流开始。

①请预先约定的 3~5 名评委同学上前就座，请记分员上台在黑板上记分。

②请各组推选出的优秀调查报告作者依次上台宣读。评委根据一篇好调查报告的几点要求，按照满分为 10 分规定评分。记分员取其平均分为其得分的方法进行记分。

③评出一、二、三等优秀调查报告奖若干名。

④主持人宣布优秀调查报告评比结果。

⑤为优秀调查报告颁奖。

6. 请老师讲话，作活动小结。

注意事项

1. 杜绝编造或抄袭的社会调查报告，老师应向同学们阐述诚信的重要性。

2. 调查报告小组内部工作分配合理，每人都要出力。

3. 协调学习与社会调查报告的时间关系。

4. 比赛结束后，调查报告应妥善保管。

教育意义

这个活动培养学生观察社会生活，运用所学的理论知识，联系实际分析问题、解决问题的能力，提高学生的思想政治觉悟和道德水平。

编号8

调查当地水源

目的

帮助同学们学会调查的基本方法，实验的基本技巧，调动同学们对实验科学的兴趣。

准备工作

透明玻璃瓶若干个。

具体内容

1. 老师向全班同学宣布调查计划。

2. 全班同学按 6 ~ 8 人分组，确定一个组长，每小组查一段河段或一个池塘。

3. 实地考察。

主要采取"访、看、嗅、查"的方法进行考察。

访——访问水源污染地区的居民，了解水源污染情况。

看——看水色和水中浮游生物，用温度计测水温。

嗅——闻水的气味。

查——调查当地水域污染面积和程度。

4. 采样分析。考察结束时带回被污染的水样，将带回的水样在实验室里进行实验分析，主要检测：放大镜下所见到的浮游生物与腐殖质，显微镜下观察到的其他菌类的种类、数量。

5. 分组进行讨论：

①水污染对人畜有哪些危害？

②水污染是怎样产生的？

③怎样加强水资源综合管理？

6. 各小组写一份考察小报告。

三 学习训练篇

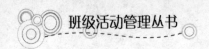
7. 举办"水质调查报告展示"主题班会。

注意事项

1. 合理安排调查时间，不能影响正常的学习。

2. 各组的考察小报告活动后应妥善保存。

教育意义

同学们需要学会实验调查的方法，并且是以小组的形式，这对今后集体的学习活动十分有帮助，既完成集体人物又完成个人任务，这是要达到的活动目的。

编号9

学做植物标本

目的

了解植物标本制作方法，培养学生科学研究的兴趣和动手能力。

准备工作

1. 小刀、剪刀或花剪。

2. 小铲子、塑料袋。

3. 报纸、卫生纸。

4. 植物标本夹、笔记本、笔和放大镜。

5. 皮手套1副。

具体内容

1. 老师检查采集标本工具，交代任务及注意事项。

2. 指导学生采集标本。

3. 让学生将采集的标本洗净。

4. 制作标本：

①把报纸折成4折，把剪好的植物放在上面，植物的上下要各垫几层

吸湿纸，然后上面用报纸或木板加压。

②每天更换报纸和吸湿纸两三次，大约 7～10 天即可完全干燥。植物压干后，把它放在卡纸或图画纸上，用针线固定，也可用糨糊、胶带固定。

③贴上标签，写清楚标本的各项资料。通常标签上要写上标本的科名、学名、俗名、产地、采集地点、采集日期等。

5. 制作树叶书签：

①采集菩提、槭树或玉兰的老叶片。

②将叶片浸泡在水中，每隔两三天换一次水，大约 10 天左右，叶片就泡好了。

③用软毛刷刷浸泡过的叶子，把没脱落的部分轻轻刷掉。

④用肥皂水清洗干净，放在木板上阴干。

⑤选出自己喜欢的水彩色加水调好，把干叶脉轻轻放进颜料中，然后拿出来阴干，就成了彩色叶脉。它可以夹在书里做书签。

6. 学生作品展示。

注意事项

1. 叮嘱学生在采集标本中应注意安全。

2. 活动结束后，仍然可以鼓励学生采集标本。

3. 标本应妥善保存。

教育意义

制作植物标本这个过程给了同学们一个新鲜的学习方法，那就是系统的学习方法，有些同学在学习中容易手忙脚乱，这是由于对学习没有章法，没有计划，容易胡子眉毛一把抓，而制作植物标本必须按照步骤来进行，否则做不出漂亮的标本。

三 学习训练篇

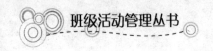

学习能力

编号 1

各抒己见

目的

锻炼学生对问题的思考能力，以及语言组织与表达能力。

准备工作

1. 当天的报纸若干份。

2. 活动所需的纪念勋章。

具体内容

1. 将全班同学分成若干个讨论小组，每个小组选出一名小组长。

2. 老师发给每个小组一份当天的报纸，给 10 分钟的阅读时间。

3. 老师宣布小组开始讨论。

4. 小组长说："今天我们开始时事论坛节目，每名组员要踊跃发言，尽情表达！"

5. 小组长首先表达自己对一条新闻的见解。其他同学在他发言结束后，也可以阐述自己的意见。

6. 小组内的同学轮流发表自己关注的新闻及看法。

7. 这个过程持续 20 ~ 30 分钟。

8. 全班同学讨论：每组派出一名代表在班上发言，简要介绍自己小组的新闻见解，讨论情况，取得的一致的意见以及不一致的意见。

9. 每个小组推选本组见解最独到最深刻的同学，发放纪念勋章一枚。

注意事项

1. 这个活动可以每天开展。

2. 允许同学们有不同的见解。

教育意义

有些同学的目光只局限于课本中的学习，而忽略了身边发生的事情，正所谓"风声雨声读书声声声入耳，家事国事天下事事事关心"，这种状态才应该是当代中国学生应有的状态，同时，对新闻进行分析，发表见解也锻炼了同学们相应的学习能力，这种活动老师应该多多开展。

编号 2

倾听他人说话

目的

提高学生的敏感性，以及学会如何倾听他人说话。

准备工作

老师讲解活动规则。

具体内容

1. 全班同学分成若干小组，3 个人一组。

2. 3 名同学分别充当讲者、听者和观察者的角色。

3. 讲者选择一个题目，例如"我如何使用空余时间"、"假如我是总统"等，发表意见 2 ~ 5 分钟。

4. 听者不可发问、回应、写笔记，但之后必须简要复述讲者说过的话。

5. 观察者在旁安静聆听，若发觉听者复述错漏，可更正或补充。

6. 3 人轮流调换角色，重复第 2、3、4 个步骤。

7. 小组讨论：

①你能集中精神聆听别人说话吗？为什么？

②一面要组织思想，一面又要聆听，你感觉困难吗？听后会不会随即忘记？抑或脑袋已被自己的思想占据，接收不到别人的信息？

③除了聆听对方说话，你有没有留意他的神情、语调、动作？那些神态表达了什么？

注意事项

1. 几轮活动后，可以重新进行分组。

2. 活动可以分周期进行。

教育意义

学会倾听别人讲话是一个重要的能力，却常常被老师与学生忽略。学会对别人说话和学会倾听别人讲话这两者是密不可分的，缺少其中一项技能，都可能失去很多知识，甚至在今后的工作与学习中失去很多机遇，所以，老师要对学生进行这方面的系统练习。

编号3

你能想多少

目的

锻炼同学们们的联想能力，启发思维和头脑风暴。

准备工作

1. 白纸若干张。

2. 轻松的背景音乐。

具体内容

1. 老师发给每位同学一张白纸。

2. 然后告诉同学们，写出所有能想到的以"三"开头或与"三"有

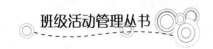

关的事物和概念。

3. 老师鼓励学生写得越多越好。

4. 每一位同学读出自己的见解。

5. 当遇到非常规的理解与想象时，学生本人要对此做出相应解释。

6. 学生们共同投票选出最有创意联想。

7. 老师做活动总结。

注意事项

1. 游戏不能作弊，不能借助书或其他东西。

2. 此游戏适合低年级学生。

3. 所联想的可以是任何字。

4. 老师尊重每一位同学的理解。

教育意义

这个游戏似乎也挺容易的，但要在短时间内脱口而出，就需要快速的反应能力。快速反应能力的培养不仅需要知识的积累，更需要在压力状态下能冷静而快速地搜索大脑中相关的知识。经常玩这样的游戏，是训练快速反应能力的好方法。

编号4

钉书钉的用途

目的

启发同学们丰富的联想，培养创造力。

准备工作

白纸若干张。

具体内容

1. 将大家分成每组 4~6 人的若干小组。

2. 每个小组的任务是在 1 分钟内尽可能多地想出订书钉的用途。

3. 每小组指定一人负责记录想法的数量，而不是想法本身。

4. 在游戏时要遵守以下规则：不允许有任何批评意见，欢迎异想天开（想法越离奇越好），要求的是数量而不是质量，我们寻求各种想法的组合和改进。

5. 在 1 分钟之后，请各组汇报他们所想到的主意的数量，然后举出其中"疯狂的"或"激进的"主意，组织大家讨论：

①当你在进行思考时存在一些什么样的顾虑？

②你认为这种异想天开最适合于解决哪些问题？

③你现在能想到的在学习中可以利用这种思维的地方？

注意事项

1. 除了想订书针的用途，还可以运用其他的道具。

2. 尊重每一位同学的想法。

教育意义

调查表明，创造性可以通过简单、实际的练习培养出来。然而，许多时候，革新的想法往往被一些诸如"这个我们去年就已经试过了"或"我们一直就是这么做的"的话所扼杀。其实，有时候，一些"傻"念头往往会被证实为很有意义。

编号 5

外星人光临

目的

激发同学们的想象力，培养打破常规的精神。

准备工作

1. 白纸若干张。

2. 水彩笔若干。

具体内容

1. 老师先发给学生每人一张纸，一些水彩笔。

2. 向学生说明背景：一天，你从学校回到家，走进厨房。突然，你发现一个外星人在你的厨房里。请你给这个外星人画幅画。这幅画要画出外星人正在做什么，最好还能表现出他为什么来这里。

3. 留出半个小时给同学们画画。

4. 同学们对自己的画作一一做介绍。

5. 全班同学评选最佳画作的前十名，在班内进行短期展示。

注意事项

1. 活动结束后，画作应该妥善保存。

2. 故事背景可以是多种多样的。

教育意义

这个游戏看起来很容易，一位班主任在指导学生做这个游戏的时候，有的同学画了个长得很恐怖的怪物正在吃东西；有的同学画了个大头、大眼睛的外星人手里拿着一把激光枪……他们满脑子都是卡通片或电视剧里的东西。但请注意，这个游戏的目的是培养创造力，而不是训练绘画技巧。例如有一个学生画了很有创造力的图画，这个画面，是以一个人的视觉角度来构图的。这个人看见一个外星人站在厨房里，而这个所谓的"外星人"不是别人，正是他自己。整幅画的构思是：这个人喝醉了，走进厨房，看见镜子里的自己，就误以为自己是外星人。

编号6

查字典

目的

让同学们学会查字典学习单词，锻炼查字典的能力。

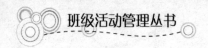
准备工作

1. 每位同学自备英汉字典 1 本。

2. 准备好纸和笔。

3. 老师准备一些单词（学生没有学过的）。

具体内容

1. 老师提醒同学们做好准备，然后念出自己事先找好的单词（不能写在黑板上）。

2. 学生将听到的单词写下来（听出什么就写什么）。

3. 进行查字典，按照字典的定义写出：原意、口语、定义、同义词及例句。

4. 老师也准备一张纸条，当然纸条上单词的定义是字典上提供的。

5. 学生全写完之后，把老师的字条也放在学生的纸条中，全部打乱，然后再给每人发一张纸条，每个学生都读出纸条上所写单词的定义。

6. 全部读完之后，大家举手表决哪一个最正确。大家都同意的就是获胜者。

7. 举手表决之后，老师可读出正确的答案。

注意事项

1. 老师所说的正确答案不一定是大家举手表决获得的那一个，这样做有助于提高大家查字典的能力。

2. 游戏可以按周期进行。

3. 老师同样可以说中文，让大家在字典上去找它的英文意思。

教育意义

平时学生能记住的词汇量是有限的，因此，学会查字典是学英语的基本本领。这个游戏就是让同学们学会查字典，并在今后的生活中有效运用。

编号7

记图比赛

目的

训练同学们的记忆能力，提高他们短时间的记忆水平。

准备工作

准备10张画片。

具体内容

1. 将学生分成3组，按不同的方法在相同的时间内记住画片的内容，看哪组学生记得准确。

①第一组：老师只是告诉他们画上的内容，并不让他们看这些画。也就是说这组学生听而不看。

②第二组：老师只让他们看这10张画，但是不给他们讲画的内容。也就是说这组学生只看不听。

③第三组：老师让他们看画又给他们讲解每张画的内容。也就是说这组学生既看又听。

2. 老师公布游戏结果，一般来说，第一组能记住画片内容的为60%；第二组能记住的为70%；第三组记住的最多，达到80%以上。

3. 老师和同学们共同讨论几种记忆方法。

注意事项

1. 个别学生的记忆方式与效果会与大众不同，这是正常的。选择最适合自己的记忆方式即可。

2. 老师应具备一些记忆方面的心理知识。

教育意义

这个游戏说明了学习时调动多种感觉器官协同记忆效果好。这种记忆法的原理在于：人的每个感觉器官都和大脑神经有着密切的联系，每个感觉器官接触过的事物都在大脑皮层留下一定的痕迹，如果眼、耳、鼻、口、手等多种感觉器官都接受同一信息，就会在大脑皮层留下很多"同一意义"的痕迹，这样当然比一种器官留下的印象深。所以在学习中，使用多种感觉器官记忆材料，会取得比较好的记忆效果。

编号8

计算

目的

练习同学们的英语听力，以及英语表达能力。

准备工作

1. 老师准备一些数字，先自己做练习。

2. 白纸若干。

具体内容

1. 游戏开始时，老师说一个数，然后说"乘以2"，"加上……"（这个数一定要是偶数），然后再说"把得数除以2"，"减去……"（减去的数字须是加上数字的一半）。如果都听对了，最后的得数一定是刚开始说的那个数。

2. 如果数字较大，学生可将数字记在纸上。

2. 全班同学一起做过两次以后，大家都知道该怎么做了，老师可让同座位同学一起做，互相提问。

例如：Take an number：8

Double it：16

Add 4：20

Number in half：10

Subtract 2：8

注意事项

1. 此游戏适合低年级的学生。

2. 游戏可以按周期进行。

教育意义

英语的听力是非常重要的，现在在考试中占的比例越来越大，更为关键的是，英语听力的好坏还影响着读、写、说等英语能力。这个游戏可以练习英语听力，检验反应能力。在这个游戏中，学生一定要听老师的指令才能顺利进行。

编号9

谁算得快

目的

训练学生算术的能力，训练学生的思维和快速反应能力。

准备工作

1. 准备一些数字卡片。

2. 轻松的背景音乐。

具体内容

1. 让学生围坐成一圈（一般在20人左右最好），每人双手持一张大卡片，放在胸前，卡片上有一个数字，分别为0、1、2、3……每个人要记住自己的数。

2. 老师念一道算术题（如："2＋3"），然后问："等于几?"手持这道题得数的人，要迅速站起来，并大声回答等于多少。答对了，大家为他鼓掌，原地坐下；答错了，手持正确得数的人要站起来，在场内追逐答错的人（在圈外追）。

3. 追上后，两人交换卡片，记住自己新换的数字，坐到对方椅子上。

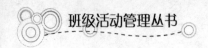
在一定时间内未追上，则各回原位，游戏重新开始。

注意事项

1. 游戏中题目的难易程度可根据学生学习程度而定。

2. 此游戏适合低年级学生，以及数学刚入门的学生。

教育意义

低年级的学生刚接触学习，主要是靠兴趣来支撑学习，某一科兴趣大，某一科的成绩就相对好一些，所以，老师可以采用游戏的方式，变枯燥的学习为快乐的游戏，同样能达到教学目的。

编号 10

对号入座

目的

游戏既可训练学生的应变能力，也能帮助学生对所学知识加深印象。

准备工作

1. 每位同学准备若干小纸片和两个纸盒（或笔筒）。

2. 选两名同学作为工作人员。

3. 轻松的背景音乐。

具体内容

1. 安排学生围成一个圈坐下。

2. 老师宣布游戏开始后，要求每名同学在一张纸片上写上自己的名字，在另一张纸片上随意写一种动作，分别投入两个纸盒（或笔筒）内。

动作可写：唱一首歌、背一段英语、跳一支舞、朗诵一首诗、讲一个故事……

3. 全体同学写好纸片后，分别投入纸盒后。

4. 请两位同学出来。一人负责抽取写着名字的纸片并念名，一人负责

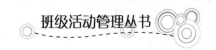

抽取写着动作的纸片，并念出来。被叫到名的人立即出列，表演所要求的动作。

5. 逐个地抽、念和表演，直至全部做完为止。

注意事项

1. 要求的事情要合理。

2. 老师也可参与到游戏中。

教育意义

单纯地让学生背诵诗词、英语课文有时会让学生产生厌烦感，进而开始讨厌相关学科。老师不妨换个方式，将所学知识融入到竞赛类的游戏中，既调动了同学们学习的积极性，又检验了学生们平日的学习情况。

编号11

你说我做

目的

训练学生的语言表达能力和领悟能力。

准备工作

1. 七彩积木若干套。

2. 老师先自己用积木做好一个模型。

具体内容

1. 将全班同学分成若干个小组，每组 4～6 人为宜。

2. 每组讨论 3 分钟，根据自己平时的特点分成两队，分别为"指导者"和"操作者"。

3. 请每组的"操作者"暂时先到外面等候。

4. 这时老师拿出自己做好的模型，让每组剩下的"指导者"观看（不许拆开），并记录下模型的样式。

5. 15 分钟后，将模型收起，请"操作者"进入教室，每组的"指导者"将刚刚看到的模型描述给"操作者"，由"操作者"搭建一个与模型一模一样的造型。

6. 老师展示标准模型，用时少且出错率低者为胜。

7. 让"指导者"和"操作者"分别将自己的感受用彩笔写在白纸上。

教育意义

学生应该学会正确表达自己的心中所想，并且让对方正确地理解，这是基本的能力，需要老师多做这方面的培训。但是这种练习需要长期坚持才能取得效果，老师不妨做一个练习计划。

编号 12

<h2 style="text-align:center">高空飞蛋</h2>

目的

体现小组成员的创造力及团队精神。

准备工作

1. 每组鸡蛋 1 只，小气球 1 个，塑料袋 1 个，竹签 4 只，塑料匙、叉各 2 支，橡皮筋 6 条。

2. 所有同学分别到 3 层楼及楼下空地。

3. 游戏所需小礼品。

具体内容

1. 将全班分成若干个小组，3 个人为一个小组为最佳。

2. 老师把上述所说材料发给每组，而后让学生在 25 分钟之后到指定的 3 层楼的地点把鸡蛋放下来，为了不使鸡蛋摔破，可以用所给的材料来设计保护伞。

3. 25 分钟之后，每组留一位学生在 3 层楼高的地方进行放鸡蛋，其他同学可以到楼下空地观赏及检查落下的鸡蛋是否完好。

4. 鸡蛋完好的小组是优胜组，可以进行决赛，胜出者，老师可以给一些小礼品作为奖励。

5. 活动结束后，老师组织学生进行讨论。

注意事项

1. 活动中注意人身安全。

2. 若是有鸡蛋落在地上破损，活动结束后应及时清理干净。

教育意义

在有限的资源里，要达到游戏的目的，同学们确实需要花一些心思，这个游戏的闪光点就在于同学们思考的过程，它锻炼了同学们短时间内思考的能力，并且增进了同学们的思想交流。

编号 13

交换名字

目的

考验同学们随机应变的能力，适应新角色的能力。

准备工作

1. 选择空旷的场地，例如空教室、操场等。

2. 游戏所需小礼品。

具体内容

1. 将全班分成若干个小组，人数为 10 个人最适合。

2. 每个小组围成一个圆圈坐着。

3. 围圆圈的时候，自己随即更换成右邻者的名字。

4. 以猜拳的方式来决定顺序，然后按顺序来提出问题。

5. 第一名同学问"张三，你今天早上几点起床?"时，真正的张三不可以回答，而必须由更换成张三的名字的人来回答："嗯，今天早上我 7

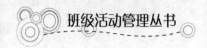

点钟起床!"……

6. 当自己该回答时却不回答，不是自己该回答的人就要被淘汰。

7. 最后剩下的一个同学就是胜利者，可获得小礼品一份。

注意事项

1. 若是不分组，也可以全班同学共同参加。

2. 游戏可用于晚会。

教育意义

这个游戏在于考验同学们的习性。平常对于自己的名字，可说是耳熟不过了，但若临时更换名字，可就会觉得陌生了。这时就需要大家迅速适应自己的新名字，这个游戏是对反应能力的一个很好的测试。

编号 14

地震知识知多少

目的

了解地震知识，训练学生精密的思维能力和培养丰富的想象力。

准备工作

1. 地动仪 1 台，积木若干，厚 2 ~ 4 厘米的木板若干。

2. 录有地震实况的录像带 1 盘，录像机 1 台。

3. 请家长丰富学生关于地震方面的知识。

具体内容

1. 老师播放关于地震实况的录像，让学生感知如何发生地震及地震的危害（房屋倒塌、桥梁毁坏，人类和动植物受到严重的伤害）。

2. 做一个小实验，请学生两人一组各持一块厚 2 ~ 4 厘米的木板，举到胸前平放与木板相接，互相向对方用手挤压，请学生讲观察到的现象。（老师小结：地球上的岩层受力不均就像两块木板相互挤压一样，当岩层承受不了时，就会发生断裂和错位，引起大地的颤动，大地的颤动就是地震。）

3. 地震的预测。老师展示地动仪，让学生了解它是中国汉朝科学家张衡制造的，它的外形很像一只带盖的凸肚茶杯，中间的椭圆形球表面铸着八条龙，龙头对准东、南、西、北、东南、东北、西南、西北 8 个方向，垂直向下，翘着头，嘴里含着一粒小铜丸。在对着龙嘴地方蹲者 8 只铜蟾，仰着头，张着嘴，当地球上的某个方向发生地震时，仪器对着的方向的龙体就震动起来，龙嘴张开，吐出小铜丸掉进蟾蜍嘴里，这样就报告了发生地震的方向。

4. 告诉学生地震来临的预兆：

①老鼠在忙着搬家。

②鸡狗晚上不回窝。

③池塘里的鱼往岸上跳。

④地上发出耀眼的蓝光。

5. 老师与学生共同畅谈地震来临后，该怎样办及如何救援。（如，地震来时赶快跑到中间的地带。如果人埋在地下不要紧张，应冷静地去处理）

注意事项

1. 有条件的班级，老师可以带学生参观地震博物馆。

2. 地震的教育方法同样可以用在火灾、洪水等灾难的教育。

3. 老师应具备足够的相关知识，以备同学们提问。

教育意义

我国的地质情况多种多样，疆土辽阔，相应的灾难也很多，其中之一就是地震。地震是具有破坏性的灾难，大家都是谈地震色变。同学们应该建立对地震这种灾难的基本认识，具备应对地震发生的逃生方法，这些都属于生存技能，应从小学起。

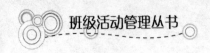
编号 15

发明创造周活动

目的

介绍发明家的事迹，观察身边的小工具、小机器，激发创造欲望，培养动手创造能力。

准备工作

1. 制作工具材料若干。

2. 同学们自己准备发明家故事。

具体内容

1. 有用的小工具介绍：

①发动学生收集各种能帮助人们做事的小工具。如启瓶器、转笔刀、订书器、切蛋器、削果皮机等。

②展览各种工具。由带工具的学生介绍工具的用途，表演用法。

③比较使用与不使用工具有何差别。体会工具的作用。如请两名学生同时比赛，用手与用启瓶器打开瓶盖，用果皮刀与削果器削水果。

④讨论这些工具是怎样发明的，学生根据自己经验来讨论，引导学生了解发明创造的价值。

2. 讲有关发明家的故事，如爱迪生发明电灯、电话、电唱机，瓦特发明蒸汽机，莱特兄弟发明飞机等等，激发创造欲望。

3. 老师组织学生进行发明创造：

①讨论"你想发明什么"。启发学生提出创作主题。如机器人、宇宙飞船、会变凉变热的衣服、晚上会发亮的书等。

②提供多种工具材料，如废纸盒、各种瓶子、罐子、积塑、橡皮泥、纸、笔等。鼓励学生创作与众不同的作品，大胆想象，帮助解决学生的困难。

③展览学生作品。制作人介绍并表演自己的作品，组织投票，评选最佳作品。

注意事项

1. 进行发明创造时注意安全。

2. 尊重他人的作品。

3. 注重原创，严禁抄袭。

教育意义

了解伟大的发明可以激发同学们对发明创造的兴趣，自己动手发明又可以让同学们品尝创造的果实。

编号16

发射火箭

目的

了解火箭基本原理。培养操作能力，训练精密的思维。

准备工作

1. 老师绘制火箭的幻灯片，准备气球1个。

2. 让学生准备纸、铁丝、木棍、剪刀、胶水。

具体内容

1. 认识火箭的外形特征：

①老师演示火箭幻灯，让学生仔细观察并讨论。

②提出："火箭是什么样子的?"（火箭长长的，一节一节的，分3节，头是尖尖的。）

2. 介绍火箭的用途。（火箭飞得很快很远，人们用火箭运载人造卫星、宇宙飞船，火箭还可以运载导弹。）

3. 让学生了解火箭的一般特点：

三 学习训练篇

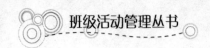

①火箭是怎样飞到天空中去的？老师实验演示：老师将一个气球吹足气，突然放掉气，气球飞快地窜到空中。教师讲解：火箭里面有很多燃料，火箭起飞的时候只要一点火，这些燃料就会燃烧起来，产生很大的推动力，跟刚才吹气球一样，火箭就飞上了天。

②火箭为什么是一节一节的？先让学生讨论，然后教师讲解：人们要把人造卫星送上天，必须用有强大的推动力和足够的燃料的火箭。如果用一个火箭，即使火箭像一座高楼那样大，里面装满燃料，因为太重，达不到火箭要求的速度，还是不能把卫星送上天。人们把3个火箭摞起来，个子最长、燃料最多的第一级在最下边，所以火箭看上去是一节一节的。第一级火箭燃烧完时，第二级火箭开始点火，第一级火箭外壳自动脱落，火箭变得轻了许多，跑得更快。当第三级火箭全部烧完后，火箭与卫星脱离，卫星刚好进入轨道。

③火箭的头为什么是尖的？老师讲解：请学生对已有的生活经验进行回忆，如当坐在快速行驶的汽车上，即使没有风的时候，也会感到风呼呼地往脸上吹，这是空气在阻挡你前进。如果汽车越来越快，空气对汽车的阻力就越大。火箭发射后，也会遇到空气的阻力，火箭的速度越来越大，空气的阻力就会越来越大，如果阻力太大，就会影响火箭的飞行，科学家动脑筋把火箭头做成尖形，这样它在高速飞行时，可以冲破空气，减少阻力，飞得更快。所以，很多在空中飞行的物品，如飞机、子弹、标枪等，头部都做成尖的。

4. 老师介绍我国近些年火箭发射情况及火箭的应用。

5. 指导学生制作弹簧火箭：

①用纸分别做成火箭头、箭筒（要刚刚能套进圆木棍）、箭翼，然后把它们粘合成一枚纸火箭。

②用铁丝绕一个直径比圆木棍直径稍大些的螺旋弹簧，并把弹簧尾端固定在木棍尾端。

老师示范：一手拿住木棍尾端，另一手拿住火箭筒，把箭筒套进木棍，握纸火箭的手一松，纸火箭便会腾空而去。

注意事项

1. 老师需具备足够的相关知识。

2. 低年级学生须在老师指导下完成制作火箭。

教育意义

这个活动让同学们全面地了解了火箭，更为重要的一点是训练了同学们的思维。火箭是一个复杂的事物，在了解了知识以后，还要根据自己的理解做出模型火箭来，这是一个考验，但是，老师要多给学生们这方面的考验。

三　学习训练篇

四、趣味放松篇

　　学习之余，学生们总喜欢三三两两聚在一起玩耍，既放松了紧张的神经，又增进了友情。所以，教师们应正确对待"玩"，并积极引导、参与到同学们的游戏中，将小团体的游戏变成整个班级的游戏，并将游戏的效果发挥到最佳。同学们有了愉快的心情，才能更好地进行其他学习活动。

压力释放

编号1

我的"开心"与"不开心"

目的

舒缓同学们心中的消极负面情绪，调动积极正面的情绪，建立正确的情绪观念。

准备工作

1. 白纸若干，纸箱1个。

2. 几段轻缓优美的背景音乐。

具体内容

1. 老师为每位同学发两张白纸。

2. 播放优美的背景音乐。

3. 让同学们在其中一张白纸上写下这个星期不开心的事，不用署名。

4. 搜集大家的"不开心"，放到纸箱中。

5. 每位同学轮流从纸箱中抽取一个"不开心"，大声念出来，并且要说出如果是自己遇到这样的事该怎么办，如果也遇到同样的阻碍，请求全班同学共同讨论，商量对策。

6. 再让同学们在另外一张白纸上写下这个星期开心的事情，不用署名。

7. 搜集大家的"开心"，放到纸箱中。

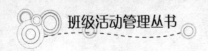

8. 每位同学轮流从纸箱中抽取一个"开心"，大声念出来。

9. 老师组织同学们进行讨论。

注意事项

1. 不可以勉强同学写下他自己不愿意写的事情。

2. 活动可以随时进行。

教育意义

每一个人在生活中都会碰到开心的事与不开心的事。学生的心理发育还未成熟，遇到一些挫折就会产生负面情绪，如何正确疏导这些负面情绪是老师首要教会学生的心理常识，让同学们正确理解开心与不开心，用开心代替不开心是很重要的。

编号2

波涛汹涌

目的

释放积存在同学们心中的压力。

准备工作

1. 五颜六色的气球多个。

2. 选择空旷的场地。

具体内容

1. 将全班同学分成若干个小组，约 10 人为一小组，每个小组选出一名小组长。

2. 组长说："如果你心中有气，顶在胸口会好辛苦，我们为别人赶走这气好吗?"

3. 每位同学选择一个不同颜色的气球。

4. 每位同学抛高自己的气球，并尽力让气球停留在空中，同时尝试打下别人的气球。

5. 气球跌在地上的人即被淘汰。

6. 气球保持在空中最久的人便算赢。

7. 组长总结："好啦！大家都出了气！"

8. 同学们讨论自我舒缓压力的方法。

注意事项

1. 避免同学们之间发生争执。

2. 活动过程中注意安全。

3. 活动可以安排在考试之前，运用在考试焦虑心理辅导中。

教育意义

五颜六色的气球代表欢乐的因子，颜色可以改善同学们的紧张情绪，而轻飘飘的气球可以放松同学们的心情。

编号3

秘密大公开

四 趣味放松篇

目的

展开同学们心中的秘密，增进同学们之间的感情，班集体更加融合。

准备工作

1. 白纸若干张。

2. 几段轻缓的背景音乐。

具体内容

1. 老师为每位同学发一张白纸，说明游戏的过程。

2. 同学们以不记名方式，在白纸上写下一件个人秘密，放到纸箱中。

3. 每位同学抽取一张读出来，并分享假如自己也有此秘密的话，有何感受，如何处理。

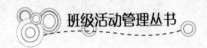

4. 若抽到自己的纸，全部重新搅混，并重新抽取。

5. 同学们在优美的背景音乐中，畅所欲言。

注意事项

1. 游戏的过程中，态度要严肃，不可写下开玩笑的事件。

2. 同学不得嘲笑他人的秘密。

3. 不用勉强自己写下不愿分享的秘密。

教育意义

每个人心中都有不愿意告诉他人的秘密。心中保有秘密是再正常不过的事情，但是秘密会成为严重的心理负担，进而干扰同学们正常的生活。所以有必要说出自己已经成为负担的秘密，化解这些压力。

编号4

拍节奏

目的

放松情绪，集中注意力，增强协调性。

准备工作

1. 选择空旷的场地。

2. 几段欢快的背景音乐。

具体内容

1. 全体同学围坐成一圈，播放背景音乐。

2. 老师讲述游戏规则：

"一"双手拍一下大腿，"二"双手鼓掌，"三"右手捏一下右耳朵，"四"左手捏一下左耳朵。

3. 同学们按照口令把动作连起来分别做一次。

4. 然后老师带领大家按"一二三四、二二三四、三二三四、四二三

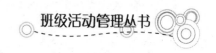

四"的口令顺序做一次游戏。

5. 大家闭上眼睛，休息冥想。

注意事项

1. 此游戏适合低年级学生。

2. 游戏可做适当的变通，把游戏规则改为："一"右手捏一下左耳朵，"二"左手捏一下右耳朵。

教育意义

随着欢快的节奏和优美的旋律，全神贯注地听从老师的指挥进行游戏，此刻，一切烦恼都烟消云散，很大程度地释放了压力。

编号5

快乐动作

目的

释放同学们平日的学习压力，活跃气氛。

准备工作

1. 选择空旷的场地，例如操场、空教室等。

2. 幸福拍手歌的音乐。

具体内容

1. 老师向所有同学讲解规则：听歌曲做动作。

2. 老师带着大家一起随着音乐唱歌，所有同学按歌词内容做动作：拍拍手、跺跺脚、拍拍脸、拍拍肩、转个圈、跳一跳、笑一笑。

"快乐拍手"歌

第一段：

如果感到幸福你就拍拍手（拍手两下）

如果感到幸福你就拍拍手（拍手两下）

四　趣味放松篇

如果感到幸福你就一起拍拍手吧，我们大家都来一起拍拍手（拍手 3 下）

第二段：

如果感到幸福你就跺跺脚（跺脚两下）

如果感到幸福你就跺跺脚（跺脚两下）

如果感到幸福你就一起跺跺脚吧，我们大家都来一起跺跺脚（跺脚 3 下）

第三段：

如果感到幸福你就拍拍肩（拍肩两下）

如果感到幸福你就拍拍肩（拍肩两下）

如果感到幸福你就一起拍拍肩吧，我们大家都来一起拍拍肩（拍肩 3 下）

注意事项

1. 可以选择多种节奏明快的歌曲，并配以简单的舞蹈动作。

2. 游戏短小精炼，可以在课间进行。

教育意义

幸福拍手歌是大家再熟悉不过的歌谣，集体共同进行幸福拍手歌，可以让快乐的情绪感染到每一个人的身上。

编号 6

集体舞会

目的

释放同学们紧张的压力，锻炼身体，增进同学之间的情谊。

准备工作

1. 同学们需要事先学习跳舞，练习舞步。

2. 选择、布置好舞会场地，可根据参加人数多少、音响效果如何来考虑场地的大小，且要注意场地的平整、清洁和通风。还要安排好跳舞过程中穿插的其他活动项目，确定主持人。最后，要张贴海报，欢迎同学们光临。

3. 选择两名跳得比较好的同学作为领舞。

4. 男女生自由组合，成为舞伴。

5. 选择主持人 1 名。

具体内容

1. 主持人致辞，介绍活动项目，宣布舞会开始。

2. 在前奏曲中，大家进入舞会场地中间站成一种队形。接着，伴随着欢快的青春旋律，跳起优美整齐的舞步。当舞蹈音乐一遍结束时，男伴送走原来的女伴，邀请下一个新的舞伴，音乐继续进行，舞蹈重新开始。

3. 休息，穿插其他节目。

4. 另一种节奏的舞蹈音乐又响起，大家重新进入场地中间，继续跳舞。

5. 再过一段时间，音乐结束，大家再次休息。此时，主持人再邀请几位同学表演几个小节目，如诗歌朗诵、变戏法、猜谜语、口技等。然后又继续跳舞、休息、跳舞……

6. 最后，随着又一种节奏的舞蹈音乐的结束，主持人宣布这次舞会到此结束。接着，播放轻松愉快的抒情歌曲，跳舞者离去，组织者动员一些同学打扫场地卫生。

注意事项

1. 男伴不能只邀请一名舞伴，应该多给其他女伴机会。

2. 跳舞过程中，难免有同学舞步生疏踩到别人的脚，大家要互相谅解。

教育意义

在优美的音乐中，两个人翩翩起舞，虽然同学们的舞步可能不够专业，但是通过这种活动，尽情欢乐，释放压力，达到了活动想取得的效果。

四 趣味放松篇

编号7

我喜欢的休闲活动

目的

帮助学生了解自己的兴趣及喜欢的休闲活动。

准备工作

准备"我喜欢的休闲活动"表格、纸、笔。表格如下：

（01）滑草（　　）；（02）射击（　　）；（03）跳伞（　　）；（04）打扮（　　）；（05）跳绳（　　）；（06）慢跑（　　）；（07）游泳（　　）；（08）骑马（　　）；（09）登山（　　）；（10）绘画（　　）；（11）唱歌（　　）；（12）写作（　　）；（13）摄影（　　）；（14）集邮（　　）；（15）散步（　　）；（16）旅游（　　）；（17）钓鱼（　　）；（18）跳舞（　　）；（19）弹琴（　　）；（20）书法（　　）；（21）看电影（　　）；（22）养动物（　　）；（23）踢毽子（　　）；（24）玩滑板（　　）；（25）做陶艺（　　）；（26）做家务（　　）；（27）水上运动（　　）；（28）球类运动（　　）；（29）田径运动（　　）；（30）郊游烧烤（　　）；（31）文艺活动（　　）；（32）阅读书籍（　　）。

具体内容

1. 将全体学生分组。

2. 请每位学生填写"我喜欢的休闲活动"表格，在喜欢的项目后打"√"，不喜欢的打"×"。并与组内其他学生分享自己感兴趣与不感兴趣的事物与休闲活动。

3. 组内学生分配工作，分别访问其他组的学生，了解其有兴趣与没兴趣的事物；再召集全组，交换所搜集到的资料。

4. 每组派一位学生充当福尔摩斯，到外面去，室内学生指定一人为谜底人。福尔摩斯们进来后，只可询问有关谜底人所选的兴趣方面的问题，其他学生只能回答"是"或"不是",并要求在 10 个问题内猜中,看哪组福尔摩斯先猜到。

教育意义

通过自己喜欢的休闲活动来释放压力、放松身心是一个很好的方法,但是,在此之前,同学们要了解自己的休闲活动有哪些,而哪些休闲活动真正取得了效果。这个游戏以侦探的方式来做了一个小小的调查问卷,形式活泼有趣。

编号 8

趣味报数

目的

活跃气氛,集中注意力,释放同学们的压力。

准备工作

1. 选择空旷的场地进行游戏。

2. 制定游戏惩罚的规则。

3. 选择一名同学做指导员(可以由老师担任)。

具体内容

1. 所有同学面向圆心坐着或站立成一个圆圈。

2. 老师站在圆圈的中心,请同学们逐次报数,以只报奇数或只报偶数的形式进行。

3. 如果老师说"报奇数",就按 1、3、5、7 的顺序报数;老师换成说"报偶数",则接在刚才的数字后报 8、10、12、14……

4. 如果有同学说错了,必须接受惩罚。

教育意义

这是一个非常简单的游戏,可以随时进行,形式也不局限于报数字和

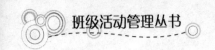
站成圆圈，可以有多种多样的变化形式，这就需要老师们多多思考了，想出不同的形式，给同学们新鲜的感觉。

编号9

轻柔体操

目的

活跃气氛，放松情绪，减轻焦虑；也可以协助同学对自己的身体更加敏感。

准备工作

1. 选择空旷的场地，例如操场。

2. 几段舒缓的背景音乐。

3. 选择一名指导者（可以由老师担任）。

具体内容

1. 根据人数和场地情况，把全班的同学分成若干组，每组 12 ~ 15 人，或让全体成员面向圆心站成圆圈，指导者也在队伍里。

2. 指导者先带头做一个动作，要求同学们不评价、不思考，模仿做 3 遍。

3. 然后每位同学依次做一个自己想出来的动作，大家一起模仿。

注意事项

1. 不能嘲笑别人的动作。

2. 动作的难度可以逐渐加大。

教育意义

轻柔体操比一般的广播体操或韵律操好的地方在于它不受局限，没有固定的模式，带头的同学可以随心所欲地想动作，用最舒展的方法，将烦闷、沉重从心中抛开。

编号 10

压力圈

目的

协助同学通过语言把心中的压力外化，并通过班级成员与当事人共同的讨论找出面对压力的对策。

准备工作

1. 每位同学一张"压力圈"。

2. 轻松的背景音乐。

具体内容

1. 将全班同学分组，每组 6～8 人。

2. 老师为每人发一张"压力圈"。

四 趣味放松篇

3. 老师先引导每位同学观察图中人物的特征，如面部表情、四肢的状态，想象一下当事人现在的感受，想象一下周围的圈相当于什么？（大大小小的压力）

4. 填写各自当前面对的压力，依据压力的大小把内容填入相应的圈内。

5. 在小组中坦诚说明自己当前面对的压力，组员与其共同讨论面对压力的对策与技巧。

6. 每组派出代表，公布本组关于压力对策的讨论结果。

7. 全班评选"十大最有效释放压力的方法"。

注意事项

1. 若遇到内向的同学不愿分享压力，只能引导，不能勉强。

2. 一周后，可做压力释放效果测试。

教育意义

勇敢说出自己的压力首先就是一种非常有效的排毒方法，然后再运用一些应对压力的方法，就能变压力为动力，和压力说"拜拜"了。老师帮助同学们处理掉这些压力，就会解决相应会产生的一系列问题。

情绪发泄

编号 1

听我诉说

目的

帮助同学们发泄情绪。

准备工作

1. 白纸若干张、笔若干支。

2. 选择适合的场地，环境要轻松温馨，如景色优美的公园内。

具体内容

1. 将全班同学分成若干个小组，每组 10 人左右。

2. 各组选择自己的活动场地。

3. 组员围成半圆形，每人一张白纸。

4. 写出目前所遭遇的 3 件不如意的事情，并写出心目中的倾诉对象。

5. 请一位倾诉者站在小组中央，请他描述他的倾诉对象。

6. 找出一位符合条件（或是条件最接近）的倾诉对象，向他述说心声。

7. 旁观者可自动轮流在倾诉对象的背后，说他所不敢吐露的感受。

8. 每人轮流寻找倾诉对象。

9. 全体同学讨论是否达到发泄情绪的效用以及平时发泄情绪的小方法。

注意事项

1. 不能强迫同学说出他不愿意讲的事情。

2. 遇到已经将负面情绪发展成为心理疾病的学生，老师应予以足够重视，在游戏结束后对他进行相关心理辅导与治疗。

3. 老师也可以分享自己不如意的事情和发泄情绪的方法，以助于带动同学们分享的积极性。

4. 整个活动过程要轻松无负担地进行。

教育意义

谁都会遇到不开心的事情，这是生活的常态。老师常常关注学生的学习与生活，往往忽略了其情绪的走向，学生是敏感的（尤其一些内向的学生），身边发生的任何一件事都会影响他们的情绪，进而影响正常的学习与生活。所以老师要学会头痛医头，脚痛医脚，切实疏导同学们的情绪，并授予他们一些面对负面情绪的正确方法。

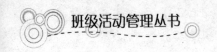

编号2

动物的叫声我知道

目的

通过游戏发泄同学们的情绪，使其重新回到平衡点。

准备工作

准备表格和纸笔。

具体内容

1. 下面的表格决定你要学的动物是什么：

你姓氏汉语拼音的第一字母	动物
A—F	狮子
G—L	海豹
M—R	猩猩
S—Z	热带鸟

2. 现在选择一个伙伴（最好在这些朋友中挑一位不太熟悉的人作为伙伴），彼此盯着看，目光不能转移，同时用嘴大声学动物叫，至少10秒钟。

注意事项

1. 有的同学好面子，难以在众多同学面前发出动物的叫声，老师和其他同学应该积极鼓励他。

2. 游戏还可以多换几名同伴进行。

教育意义

情绪有正性与负性之分。有些正性情绪，如兴奋、好玩、幽默可以激发人的创造力，而许多负性情绪，如痛苦、焦虑、恐惧则会阻碍人的创造力发挥。我们每个人都有因成功或失败而导致情绪波动的经历。这个游戏可以让同学们体验情绪在问题解决中的强大作用，更可以训练同学们的幽默和乐观的情绪。

编号3

拉歌比歌

目的

活跃气氛，培养积极向上的精神风貌。

准备工作

1. 事先排练歌曲，熟记拉歌词。

2. 邀请其他班级共同参加。

3. 统一服装。

4. 划分场地。

5. 邀请专业的音乐老师作为评委。

6. 比赛所需的奖品。

具体内容

1. 各班在划定的场地就坐，评委在主席台就座，主持人宣布活动开始。

2. 全体学生齐唱一首歌曲，然后由主持人指定或事先抽签决定某班先唱，其他班级响应。

3. 被拉班级文娱委员组织全班同学唱上一首歌。

4. 被拉一方唱毕，评委亮分、计分。然后指挥者立刻站起来大喊一声："××班唱得好不好？"同学们则响亮地回答："好！""再来一个要不要""要！"以让另外的班级唱歌。

5. 被拉班级唱上一两首歌后，该班指挥者要马上起来组织本班同学反击："我们班歇一歇，××班接一接。"同时，动员周围班级附和。如此

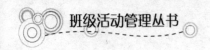
反复。

6. 计算总成绩，确定各班的名次。

7. 为优胜班级颁奖。

注意事项

1. 活动力争全班同学都参加。

2. 选择的歌曲应该是健康、积极向上的，并且难度要适合全班同学。

3. 不能影响到正常的学习秩序。

教育意义

唱歌是一个非常好的情绪发泄的方式，并且所有同学融入到集体中去，成为其中的一份子，努力为自己的集体贡献自己的力量，活动达到了促进班级和谐发展的另一个效果。

编号4

我是有原因的

目的

让同学们学会承担责任，不为自己的失败找借口。

准备工作

1. 游戏可以在教室进行。

2. "限制成功的25条原因"表格若干份。

限制成功的25条原因
1. 因为我没有有钱有权的父母
2. 因为我学历不高
3. 因为我没有钱
4. 因为我运气不好
5. 因为我太年轻

续表

6. 因为我太老
7. 因为我经验不足
8. 因为我长相不出众
9. 因为我家在农村
10. 因为我不够聪明
11. 因为我的八字不太好
12. 因为我不知道方法
13. 因为老天对我不公平
14. 因为我身体不好
15. 因为我没有能帮我的朋友
16. 因为我没有能帮我的亲戚
17. 因为我的老师不重视我
18. 因为别人不接受我的意见
19. 因为许多事情让我分心了
20. 因为我没遇到贵人
21. 因为我的脾气和性格不好
22. 因为我做的都是我不喜欢的事
23. 因为我的专业不好
24. 因为我在中国
25. 因为中 500 万元大奖的几率太小了

具体内容

1. 根据人数多少和实际需要，决定是否先分组。

2. 老师先说开场白："我们每个人的心中都有梦想，都对成功有一种发自内心的渴求。但在现实中，大多数人都对自己的现状感到不满意，因为各种各样的原因限制了我们迈向成功。"

四 趣味放松篇

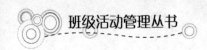

3. 老师发给每人一张"限制成功的 25 条原因"表格。

4. 老师说："请大家仔细观看这 25 条原因，对于符合自己情况的条目，在旁边做个标记。"

5. 几分钟后，老师请大家谈谈各自都找到了哪些限制自己成功的原因，以及为什么会这么认为。

6. 可以有以下的相关讨论：

①你找到了多少条限制自己成功的原因？

②你如何理解"原因的背面是借口"这句话？

③"危机即是转机，困难即是机会。"你现在能够从限制成功的原因中找到机会与解决对策吗？

④你从这个游戏中，还获得了什么启发与收获？

注意事项

1. 老师是整个活动中的引导角色，要事先熟悉流程。

2. 给每一名同学发言的机会，让他们大胆发表自己的见解。

3. 学生若有不正确的见解，老师不可以横加指责，而是应该更深入地去讨论。

教育意义

很多人习惯为自己的失败找很多借口，而打破这种习惯，能够使人们更有效地思考与行动。大多数无法获得成功的人都有一个共同的特点，他们都认为自己因为能力或机遇不足才导致失败，同时对于失败都有各种各样的借口。他们的借口很多，而且完全正确，但重要的是，成功者找方法突破，失败者才找借口抱怨！

编号 5

生命线

目的

让同学们认识生命的可贵，以及深刻认识什么才是自己生命中最重要

的，以此忘掉不愉快的事情。

准备工作

1. 白纸若干（每位同学一张）。

2. 老师可以先做一张"生命线"图，用于示范。

具体内容

1. 老师发给每位同学一张白纸。

2. 同学们先把白纸摆好，横放最好。在纸的中部，从左至右画一道横线，长短皆可。然后给这条线加上一个箭头，让它成为一条有方向的线。

3. 在线条的左侧，写上"0"这个数字，在线条右方，箭头旁边，写上为自己预计的寿命数字。可以写 68，也可以写 100。在这条线的最上方，写上自己的名字，再写上"生命线"3 个字。

4. 按照同学为自己规定的生命长度，找到自己目前所在的那个年龄点。比如打算活 75 岁，而现在只有 15 岁，那么就在整个线段的 1/5 处，留下一个标志。

5. 然后同学们标志的左边，即代表着过去岁月的那部分，把对自己有着重大影响的事件用笔标出来。比如 7 岁上学了，然后就找到和 7 岁相对应的位置，填写上学这件事。注意，如果自己觉得是件快乐的事，就用鲜艳的笔来写，并要写在生命线的上方。如果自己觉得快乐非凡，你就把这件事的位置写得更高些。假如，10 岁时，自己的祖母去世了，她的离世给自己带来了极大的创伤，那么就在生命线 10 岁的位置下方，用暗淡的颜色把它记录下来。或者，13 岁中考失利……如果痛苦非凡，就继续在生命线的相应下方很深的陷落处留下记载。

6. 按照这个方法操作，同学们就用不同颜色的彩笔和不同位置的高低，记录了自己在今天之前的生命历程。

7. 同学们可以推测自己今后的挫折与磨难，快乐与幸福，悲伤的事如大学落榜了、父母去世了、失业了等等。高兴的事如考上了理想的大学、有了幸福的家庭、事业取得了成绩等等。把这些事情都标在相应的位置上。

四 趣味放松篇

8. 老师和同学们共同讨论生命线的意义所在。

注意事项

1. 同学们应选择印象深刻也就是比较大的事情来写，然后再逐渐把范围缩小。

2. 老师同样可以画出自己的生命线，和同学们共同讨论，拉近与同学的距离，引导同学们更多的发言。

教育意义

看看你亲手写下的这些事件，是位于线的上半部分较多还是下半部分较多。也就是说，是快乐的时候比较多，还是痛苦的时候比较多。这不是评判你选择的正误和你生活质量的优劣，而是看你感受如何。如果你觉得这样还好，你就不妨这样继续下去。如果你不甘心，可以尝试着改变。

即兴娱乐

编号1

007 游戏

目的

营造欢乐的活动气氛，放松同学们的精神。

准备工作

1. 游戏前规定一些惩罚细则。

2. 数段轻松欢快的背景音乐。

3. 选择空旷的场地，例如操场、空教室等。

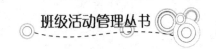

具体内容

1. 所有同学围成一个大圆圈，面朝内部。

2. 其中一名同学喊"0"这个数字，然后随便指下一名同学。

3. 被指的同学同样喊出"0"这个数字，指向下一名同学。

4. 第二名被指的同学这时喊"7"这个数字，指下一名同学。

5. 第三名被指的同学喊"砰（枪声）"，指向下一名同学。

6. 第四名被指的同学要大叫，被指的同学旁边的两个要举手投降。

7. 违反规则的同学要接受事先制定出的惩罚，例如表演节目等。

注意事项

1. 老师事先讲好规则，并留出游戏示范时间，供大家习惯流程。

2. 游戏的节奏由慢到快。

3. 注意不能总是指一名同学。

教育意义

这是一个考验反应能力的游戏，每个同学都不能掉以轻心，因为自己不一定在什么时候就会被指，还要立刻反应出自己该说什么词或做什么动作。尤其在后期，游戏的节奏加快，更加紧张刺激。但是在游戏结束后，同学们会有非常轻松愉悦的感觉。

编号2

猜猜猜

目的

放松同学们紧张的情绪，让同学们感染快乐的因子。

准备工作

1. 一些词汇，可以涵盖动物、植物、人名、地名、成语、电影等等。

2. 将这些词汇写在大小合适的白纸板上。

四 趣味放松篇

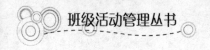

具体内容

1. 选出两名同学，成为一个小组共同参加比赛。

2. 两个人相距 5 米，面对面站立。

3. 其中一名同学可以看到老师所准备的词汇，而另一名不可以。

4. 看到词汇的同学要将这个词（动物、植物、人名、地名、成语、电影等等）表示给自己的同伴，但是不能说出这个词的任何一个字。

5. 若是违反规则，就停止猜这个词，继续猜下一个词。

6. 计时 5 分钟，看这个小组能猜出多少个词。

7. 为增加趣味性，游戏可采取比赛的方式。

注意事项

1. 游戏之前，要做好词语的保密工作。

2. 游戏可适当增加难度，例如猜一句话等。

3. 老师同样可以参与到游戏中去。

4. 此游戏适合晚会的助兴。

5. 游戏中不能作弊，例如用唇语、用英语等等。

6. 其他同学不能在旁边提示。

教育意义

这个游戏充分考验了同学们的语言表达能力和联想能力，还有这个二人小组之间的默契程度。在游戏的进行中，有的同学会非常着急而"口不择言"，惹得全班同学大笑，这都是游戏取得的欢乐效果。

编号3

抢椅子

目的

营造欢乐的气氛。

准备工作

1. 椅子几张。

2. 欢快、紧张的背景音乐。

3. 小鼓 1 个。

4. 游戏所需的纪念小礼品。

具体内容

1. 选出几名同学参加游戏，参与游戏的同学数量应比椅子的数量多一。

2. 将椅子围成一个圈，同学们也围着椅子站成一个圈。

3. 伴随着背景音乐，老师开始有节奏地敲小鼓，同学们围着椅子开始走动、转圈。

4. 当敲击声停止时，所有同学都要抢坐在板凳上。因为差一个板凳，所以注定会有一人没板凳，也注定被淘汰。

5. 下一轮再撤去一个椅子，保持参与的人数总是多椅子一个。

6. 最后两名同学争一把椅子，达到游戏的最高潮。

7. 冠军可获得小礼品一份。

注意事项

1. 老师敲鼓的节奏应该是逐渐加快的。

2. 防止同学间起争执。

教育意义

抢椅子是一个经典的助兴游戏，往往能在活动中取得不错的效果，使班级内的气氛热烈起来，推动活动更好地进行。游戏所需的时间很短，不会喧宾夺主，很容易控制节奏。

四 趣味放松篇

编号4

萝卜蹲

目的

营造快乐的活动氛围。

准备工作

1. 黑萝卜、白萝卜、胡萝卜、水萝卜四种图案的头饰若干。

2. 数段节奏欢快的背景音乐。

3. 游戏前规定好惩罚细则。

具体内容

1. 全班同学分组站队，按顺序把大家分为1～3组，每组4～10人，每组选择自己小组是哪一种萝卜，分别带上萝卜头饰。

2. 3组队员成U形队站立，或两组面对站立，每组成员肩并肩把手搭在旁边人肩上。

3. 老师说明游戏规则：全体起立，老师发出口令"黑萝卜蹲"，黑萝卜组全体成员齐声说"黑萝卜蹲，黑萝卜蹲，黑萝卜蹲完……"，同时一起做下蹲动作。其他人原地站立不动，违反规则的则为输方；反之是一样的。

4. 老师接口令说"黑萝卜蹲完……白萝卜蹲"，则白萝卜组开始下蹲动作和口令。

5. 违反规则的小组要接受游戏前规定好的惩罚。

注意事项

1. 此游戏适合做各种大型活动的间隙游戏。

2. 也可以不按照小组进行，可以在班内选出几名代表进行游戏。

3. 老师须掌握好游戏的节奏，不能总让一组（一种）萝卜蹲。

班级活动游戏宝典

教育意义

萝卜蹲坑是一个典型的考同学们反应能力的游戏，但是轻松简单，趣味十足。另外，游戏的操作性强，户内户外进行均可。

编号5

面粉爱乒乓球

目的

调节活动气氛，为同学们带去欢乐。

准备工作

1. 几张长桌子（以参赛队的数量而定），并排放在一起。

2. 每张桌子上放5个碗，呈一条直线。

3. 前4个碗中都装上1/3的面粉。

4. 乒乓球数个。

5. 游戏所需奖品。

具体内容

1. 将全班同学分成若干支参赛队伍，每支队伍的人数是6～10人。

2. 每支队伍按顺序站在长桌子的后面，准备开始。

3. 老师宣布游戏规则。

4. 老师一声令下"开始"，参赛队伍的第一名队员就开始将乒乓球从一个碗吹进下一个碗，直到将乒乓球吹到最后一个空碗中。

5. 下一名队员在上一名队员完成整个过程后才可开始。

6. 老师计时10分钟，最后计算哪支队伍的空碗中乒乓球最多。

7. 为优胜队伍颁奖。

注意事项

1. 吹乒乓球的队员要注意不要将面粉吹进鼻孔或眼睛中。

四　趣味放松篇

2. 每个碗之间的距离不宜过大，不然很难将球吹进。

3. 防止队员有作弊行为，掉落在地上的球要重新放到上一个碗中重新吹。

4. 游戏结束后，要将现场的面粉清理干净。

教育意义

其实这是一个有些难度的游戏，在有限时间中，要将尽可能多的乒乓球吹过去，考验了同学们的忍耐力。同时，这也是一个团体的项目，大家齐心协力才能顺利进行，尤其是当同学们不顾那些散落在身上的面粉而全情投入到比赛中时，其实同学们收获的是快乐。但是，这种游戏不重结果只重过程，只要过程是欢乐的，就达到了游戏的目的。

编号6

水中投硬币

目的

集中同学们的注意力，为大型活动助兴。

准备工作

1. 直径大约15厘米的玻璃杯若干。

2. 硬币数枚。

3. 游戏所需的纪念奖品。

具体内容

1. 全班分成若干个小组，每个小组10人左右。

2. 将玻璃杯装满水，注意是几乎装满，离杯口差 1～2 毫米。

3. 小组内的每名同学轮流放一个硬币入水，然后看谁放进去的时候水溢出来了。这个人就算是被淘汰了。

4. 小组决出第一名。

5. 所有小组的最佳选手共同参加决赛，决出冠军。

6. 为冠军发放奖品。

注意事项

1. 此游戏同样适合几名同学课间娱乐。

2. 硬币的数量要足够，以防水未溢出，但硬币已经用完。

教育意义

游戏在水与杯口相平时最为紧张，看似水快溢出来了，其实还可以放很多，因为水有内聚力。这是一个可以很多人一起玩，又简单又娱乐的游戏，操作性很强。

编号7

抓到小乌龟

目的

营造欢乐温馨的活动氛围，为同学们带去欢乐。

准备工作

1. 老师要事先编好一段小故事。

2. 轻松的背景音乐。

3. 空旷的场地。

具体内容

1. 所有同学起立，并排站好，或者围成一个圆圈站立。

2. 所有的同学左手手掌向下，右手食指向上，抵住右边人的掌心，一个个地排下去（即所有人的左手掌下都是左边人的手指，右手指都抵在右边人的手掌上）。

3. 老师让同学们保持安静，听老师念一段小故事（事先编好的那一段）。

4. 只要同学们听到老师念"小乌龟"3个字时，所有人的左手就去抓左边人的食指，同时右手的食指要逃避右边人的捕捉。

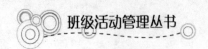

5. 老师要在游戏之前说好被抓到的人就是"小乌龟"，大家可以比比，看谁抓到的小乌龟多。

6. 可以设定惩罚环节，多次被别人抓住的同学要接受惩罚。

注意事项

1. 此游戏适合低年级的学生。

2. 故事的中途可以用小猫、小狗等小开头引诱大家。

3. 老师的语速可以快慢结合，出其不意。

4. 故事不宜过长，一般四五百字的话里面包含 4~5 个"小乌龟"就可以了。

教育意义

同学们既要去抓自己左手边的"小乌龟"，又要防止自己的右手被抓，活动现场一定非常热烈而欢乐。另外，这个游戏所用道具少，可操作性强，可用于紧张学习中的放松。

编号 8

班级活动游戏宝典

大风吹

目的

营造快乐的班级气氛，放松同学们平时学习的紧张情绪。

准备工作

1. 座椅若干（可以使用同学们平时的座椅）。

2. 选择空旷的场地，例如操场、空教室等。

3. 数段紧张、节奏相对快一些的背景音乐。

具体内容

1. 全班同学将椅子围成一个大圆圈，然后坐下。

2. 将一把椅子放在圆圈的中心位置。

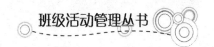

3. 选出一个人作为"鬼",坐在那把椅子上去。

4. 这个时候,"鬼"说:"大风吹。"其他的同学就要问:"吹什么呢?""鬼"说:"吹有XXX的人。"

5. 拥有XXX的同学要离开,和其他有XXX的同学互换位置,"鬼"也要趁这个时候找到一张椅子坐下。

6. 最后没有椅子坐的人或是游戏中听错指示的人就成为下一个"鬼"。

7. 做了一定次数的"鬼"的同学要接受惩罚,惩罚方式可以是唱一首歌或是表演其他才艺。

8. 举例说明:

"鬼"说:"大风吹。"

其他同学说:"吹什么?"

"鬼"说:"吹有戴眼镜的人。"

这时所有戴眼镜的同学都要立刻站起来换座位,"鬼"也要趁此机会换座位。

注意事项

1. 另外一种玩法叫做"小风吹","鬼"可以选择说大风吹还是小风吹,如果说的是小风吹,则没有XXX的人要离开,与大风吹相反。

2. 惩罚的方式可以多种多样。

教育意义

当所有人听到"鬼"的指令起来换座位时,场面非常热闹,同学们心情紧张,但是很快乐。

编号9

3 多足少

目的

活跃现场气氛,供同学们放松娱乐。

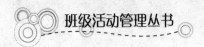

准备工作

选择适当的场地。

具体内容

1. 全班同学分成若干个小组，每组的人数可不一样，自由组合。

2. 游戏规则：

①一双手和脚各代表一分，即一个人有 4 分。

②当老师讲出一个数字，各组便要以最快时间来组合，最慢的为输。例如：老师说"我要 3"，而小组有 4 人，那么应该有 3 位组员要单脚站立，有一位要被背起。

3. 没有完成游戏任务的小组要接受惩罚，集体表演一个节目。

注意事项

1. 老师要预先计算好一个最大的数目，如小组只有 3 人，数目便不可大于 12。

2. 老师的角色可由学生自己完成。

教育意义

3 多足少这个游戏一般被用在体育课上，但是，在其他场合，老师同样可以选择这个游戏。小组内部要非常团结，目标一致，反应迅速才能完成目标。

编号 10

火车隧道下闸了

目的

营造欢乐的气氛，使活动现场达到小高潮。

准备工作

数段背景音乐。

具体内容

1. 先选出 4 名同学，两个同学为一个小组，双手互拱做成 2 个隧道，

其他的人手搭肩构成一轮火车。

2. 随着音乐快慢，火车穿梭在隧道中。音乐停止代表火车隧道下闸了，作隧道的同学要立刻将手臂收紧，圈住当时的人。

3. 被圈住的人要退出火车的行列。

4. 游戏就按照这个过程进行下去。

注意事项

1. 人多的时候，可多做几个隧道。

2. 可由老师弹吉他或唱歌来代替播音乐。

3. 此游戏适合低年级的学生。

教育意义

大型活动总是需要这类小游戏来穿插弥补空白，调节气氛。尤其是低年级的同学，他们的注意力不容易集中，活动时间一长，他们的兴趣就会下降，所以活动中让他们做做这些游戏，有助于他们重新集中注意力，使整体活动取得好的效果。

编号11

抛球游戏

目的

考验同学们的反应能力，营造融洽欢乐的活动气氛。

准备工作

1. 1 个皮球（其他球状物体也可以）

2. 数段欢快的背景音乐。

3. 选择空旷的场地，例如操场、空教室等。

具体内容

1. 全班同学围成一个圆圈站立，面朝内部。

四 趣味放松篇

2. 选出一名同学，他手中拿着皮球站在圆圈的中心位置。

3. 全体同学按顺时针的方向报数，每人记住这个数字，作为自己的号码。

4. 老师说："大家注意了，我们的游戏要开始了！"这时，站在圈中心的同学将球向上抛，并随意叫出一个号数，被叫到号数的同学必须立刻反应，及时将球接住。

5. 接住球后，这名同学就替换那名同学站在圆圈中心，成为新的发球人。

6. 如果皮球落在了地上，这名同学就要表演一个节目，博大家一笑，然后再成为新的发球人，继续游戏。

注意事项

1. 所有同学必须要集中精力。

2. 惩罚方式可以有所变化。

3. 游戏也可以做适当调整，例如喊数字改为喊特征"穿黄衣服的同学""戴眼镜的同学"等。

教育意义

这是一个很常见的游戏，但是不代表常见的游戏乐趣就少。在游戏中，总会有同学没有立刻反应出自己的号码而错过了接球，然后绞尽脑汁表演一个节目。过程是紧张刺激的，但却放松了身心，取得了不错的效果。

编号 12

滚币大赛

目的

在比赛中形成良好的班级活动氛围，令同学们心情愉悦。

准备工作

1. 2 ~ 10 枚硬币。

2. 欢快的背景音乐。

3. 抽签所用的纸条与纸箱。

4. 比赛所需的小奖品。

具体内容

1. 利用抽签的方式先将全班同学分成若干个小组，每组 10 人左右。

2. 小组内的比赛过程：

①每个同学分别将一枚硬币从高处滚下，按远近距离决定先后。

②硬币滚得最远的同学，要用自己的硬币去投击附近的硬币。击中得 1 分，可继续攻打。如不能击中，就把自己的硬币放在原地。

③第二名同学按照同样的方法去击打硬币。

④直到所有硬币被击中，小组内的游戏结束，每个小组有一名得分最高者。

3. 每个小组得分最高者进入决赛。

4. 决赛再决定出一名得分最高者，发放小奖品作为纪念。

注意事项

1. 难度要统一，每个小组的硬币的高度是一定的。

2. 可以适当在场地上做一些变化，放置一些障碍物。

3. 决赛可以增加难度，由老师掌握。

教育意义

简单的比赛有简单的乐趣，小小的硬币也能让同学们非常快乐。这既是一个比赛也是一个游戏，输赢并不重要，重要的是收获了快乐，忘记了烦恼。老师也可以参与到同学们的比赛中去，和大家一起感受快乐。

编号 13

背后乾坤

目的

促进同学们融洽相处，营造欢乐的气氛。

四
趣味放松篇

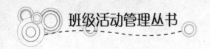

准备工作

1. 1 条大手巾。

2. 抽签所用的纸条与纸箱。

3. 欢快的背景音乐。

具体内容

1. 放上欢快的背景音乐，老师宣布游戏开始。

2. 抽签选出班内的一名同学蒙上眼睛，其余的人围圈坐好。

3. 老师或班长将他带到班里一位同学的面前。

4. 这位同学要问对方："你叫什么名字?"

5. 对方用手在他背上写名字，若猜中就对换位置，否则老师或班长便带他到下一位组员面前。

6. 游戏按照这个程序进行。

注意事项

1. 此游戏可用于大型活动的助兴游戏，或者安排在节假日作为娱乐。

2. 游戏可以安排适当的惩罚，例如猜不出对方名字的同学为大家唱一首歌，讲一个笑话，等等。

3. 游戏可以是全班共同参加，也可以分成小组进行游戏。

教育意义

当蒙着眼睛的同学忐忑不安地来到另一位同学面前时，这位同学要将全部注意力都集中在对方在自己手背上写的字，其他同学也都紧张好奇地观看着，屏住呼吸不敢出声音，这是整个游戏的高潮，将欢乐推到了最高点。游戏需要的道具也很少，时间可由老师来控制，是一个操作性很强的游戏。